無理なく楽しむ
おつきあい

梶原しげる
SHIGERU KAJIWARA

第三文明社

もくじ

あとがき

装幀　嶋田淳一（ＯＩＣＨＯＣ）
本文デザイン　小林正人（ＯＩＣＨＯＣ）
イラスト　西山　田

本書は、『公明新聞』に連載された「梶原しげるの話し方レッスン」（二〇一五年四月五日付～二〇一八年三月十八日付、全六十六回）を基に加筆・修正し、再構成したものです。

第1章

「雑談」で楽しむ ご近所づきあい

1 雑談のコツとは

どうでもいい話に価値がある

「雑談の切り出し方」の「手本」とすべき一言があります。

それは、タモリさんが番組の冒頭、共演する若い女性タレントさんに話しかける「定番フレーズ」といわれる「髪切った？」です。

この「髪切った？」に、何かを問いただそうという目的などありません。

女性「ええ、ちょっとボーイッシュにしてみようかなと」

タモリ「いいよねえ」

たったこれだけ言葉を交《か》わしただけで、タモリさんとの距離がぐっと近づいた気がして、それまで緊張していた若いタレントさんも、リラックスできたに違いありません。

これが「雑談」のすごいところです。

この技、私たちもぜひ使ってみましょう。

髪形にかぎらず、相手の持ち物やそばにあったものなど、目に入ったものを口に出し、声かけするところから「雑談練習」をしてみましょう。

「そのエコバッグ、いいですねえ」

「ああ、スカーフ、そういうふうに使うといいんだ！」

「そのＴシャツの柄、面白《おもしろ》い！」

「おしゃれなサンダル！　どこで買ったんですか？」

「日傘か、そういう季節ですねえ」

こんな感じです。ただ、目に入ったものは何でも、と言いましたが、それを話題にされて相手の方が「嫌《いや》だ」と感じるか「うれしいと感じるか」についての判断は必要です。

判断基準は「自分が言われたら嫌なことは言わない」。そして話題にするものについては「肯定的なトーンで話す」。この二つだけ守れば、「何から話していいか分からない」という悩みから抜け出すことができます。

実はこれ、女性の皆さんはごく当たり前にやっていらっしゃるんですよねえ。ところが、真面目《まじめ》に会社を勤め上げたサラリーマン男性はこれが苦手なことが多い（私の印象です）。

三十うん年間「確たる目的のある仕事」「無駄を省《はぶ》く努力」で頑張ってこられた方にしてみれば、「目の前のことを適当に口にするなんて軽率なことはできない」なんて思うのかもしれません。

でも、「目的を持たない、どうでもいい話＝雑談」が、何げない日常の場面、ご近所づきあいなどでは、とても大きな役割を果たしてくれるのです。人と人を上手につなぐ雑談の力。あなたの周りにも、〝雑談名人〟、いらっしゃいませんか？　いらっしゃいましたら、師匠の技を盗むような目で、じっくり観察してみることをお勧めします。「ほう、そう話しかけるのか」「そうやって話題を変えるのか」等々、ためになる発見があるに違いありません。

「教え上手」より「教えられ上手」に

「人と親しくなろうと思ったら、自分が知りたいことより、相手が教えたがることを質問しろ」。若いころ、尊敬する先輩がしばしば口にした言葉。今さらながら「名言だ」と思います。

自分が教えたくて、うずうずするようなことを尋《たず》ねてくる人を「好ましい」と思い、教えられない、教えたくもないことを聞いてくる人を「敬遠したくなる」。これが世の常ではないでしょうか。

とはいえ、人はそれぞれ、得意・不得意、興味のある・なしを持っています。この見極めが大事です。

たとえば、上司の言動をしっかり観察し、「人一倍、部下思い。でも、数字に弱い人」だと分かったら、「来期の経常利益見通し」を質問するよりも「交際中の彼女と上手につきあう方法」など個人的な悩みを相談したほうが、好感度は上がりそうです。

この「法則」、たとえば定年退職後の〝地域デビュー〟で、老人クラブなどに参加する時にも生かせます。

おばさまに対しては「地元で賢《かしこ》い消費者になるポイントを教えていただけますか?」という質問ではなく、「安くておいしいお肉を買うなら、Aマート、

B商店、どちらでしょうか？」。

自分の趣味がビリヤードでも、相手が年配男性なら「人気の碁会所はどのあたりですか？」。

自分がメジャーリーグファンでも、「白鵬《はくほう》、勝ちましたか？」。

こう聞くのが無難だと心得たほうが良さそうです。お試しあれ。

会話が弾むきっかけ

わが家の愛犬ルルの散歩は、妻に任せきり。私は暇な時、気が向いた時だけお供をします。

私一人で近所を歩いたって誰も声をかけてくれませんが、ルルと一緒だと、あちこちから「ルルちゃーん」と声がかかります。私も「ルルちゃんのパパですか?」と親しげに話しかけてもらえます。人見知りの私が、近所の奥さんと緊張しないで話ができるのも、ルルのおかげです。

「あら! チロちゃん、今日のスカーフは白と水色のストライプ! 素敵ねえ」

妻が夕方の散歩で声をかけたのは、白いパピヨン犬を連れた上品な年配の女性。ルルは、チロちゃんのにおいをかぎ回りますが、「チロちゃんのママ」がやさしくほほ笑んでいます。一分ほど雑談を楽しんだ後、「じゃあ、また!」と互いに別の方角に進みました。

「チロちゃんはすごい人気者なの。首輪に付けたかわいいスカーフ見た? 毎日、色や柄、素材まで違うのよ! 昨日は花柄、一昨日はデニム地、その前は水玉。ママは半年前まで、埼玉のほうで洋裁師をなさっていたんですって」

チロちゃんのスカーフは、おばさまが地域に溶け込むことに大きな力を発揮していました。

人と人をつなぐ「接着剤」。「口べたで人見知りで……」と言う前に、他人が話しかけてくれる、会話をスムーズにしてくれるきっかけも大事なんですね。

お土産を、会話に使えるかどうかで選ぶ

会話のきっかけといえば、ちょっとした贈り物も、その一つでしょう。

たとえば引っ越した際の挨拶《あいさつ》に、戸建てなら向かいの三軒と両隣のお宅に、ちょっとしたものを贈ったりしますよね。普段でも、旅先からのお土産《みやげ》をご近所さんへお渡しする、なんてこともあるでしょう。

雑談を盛り上げる、最強の武器の一つが「旅先で買ったお土産」かもしれません。大事なポイントは、贈られた相手が「負担に思う品は避けること」です。

やっぱり、その日のうちに食べてなくなるものが定番でしょうね。

負担に思うものとは、たとえば、値段が高い（お返しどうしよう……と悩ませてしまう）、量が多い（こんなに食べられないし……とプレッシャーに）、賞味期限が短いもの（急いで食べなきゃ……と、これまたプレッシャーに）などです。

もう一つのポイントは「雑談のきっかけになりやすいものを選ぶ」です。

自分の故郷の定番、山梨なら「信玄餅《しんげんもち》」、福島なら「薄皮饅頭《まんじゅう》」みたいなものは選びやすいですし、渡しやすいですすよね。「お盆に帰省していまして……」と言いながらお土産を渡して、ついでに行った先でのお土産話を何か一つ提供すれば、話もスムーズに運びそうです。

そもそも、何も律義に実際に旅先で買わなくても、ターミナル駅や空港には全国の土産物を売っていますから、それで済ませば十分。お土産が「主役」なのではなく、土産話のきっかけ作りの「脇役」だ、くらいに思ってください。

「あー、去年はこちらがいただいたし、今年は何か買って帰らなきゃ」となかば義務感で選ぶよりも、「これ持っていったらお隣さん、どんな顔するかな」なんて想像しながら選んだお土産のほうが、喜ばれそうです。

雑談のつなぎ方

さて、雑談のきっかけを作ったはいいものの、どう話をつないでいけばいいでしょうか。一つの注意点として、自分が話し始めた話題について自説を延々語る、ということは避けたいところです。

雑談の良いところは、それを通じて人間関係が円滑になる点にあります。ですから雑談では、「やりとり」「キャッチボール」が何より大切。話すきっかけを作った後は、「相手の方に話をしてもらうこと」です。

一方的に自分が話してしまうのは「ドッジボール会話」といいます。こうなってしまうと相手との信頼関係を築くのではなく、攻撃して「壊す」ことになりかねません。

雑談提供者「わあ、その浴衣《ゆかた》、さわやかな柄！　浴衣といえば、もともとは湯帷子《ゆかたびら》といったそうで……そう考えていきますと、最近の浴衣は……」

こう、まくし立てたりすると、それを聞かされる側はだんだんうんざりしてくるもの。「雑談の切り出し」で重要なのは、「切り出した目的は、あくまでも、相手の方に興味を持って会話に参加してもらうため」と心得ることです。

「きっかけを与え、後は相手にたくさん話してもらおう」と考えるくらいでちょうどいい。「聞き手であるより、話し手である時のほうが楽しい」と感じる人が少なくないからです。

「話をする側」はつい「話している自分」に心地良さを感じてしまいますが、一方で「聞かされる側」は「長いなあ、しつこいなあ」と感じている場合も。

ですから、自分ばかりが話すのではなく、うまく相手の方に話してもらって、お互いに気持ち良い雑談をめざしましょう。ちょっとした心配りが大事ですね。

伝えたい人の顔を思い浮かべながら……

「気働き」という言葉があります。

「その場にふさわしい、機転の利《き》いた対応」を意味します。接客業に限らず、地域やご近所同士など普段のおつきあいでも大事な心得です。

さりげない会話を交わすにも、「この場面で相手の役に立つのはどんな一言か？」。こう気働きするかしないかで、コミュニケーションの質はまるで違ってきます。

町おこしで、さまざまな試みをおこなっている東北山間部を取材した時のこと。案内をしてくれた地域振興部署の男性職員は、町の人気者でした。出会う町民たちが笑顔で声をかけ、職員は時間を惜しまず雑談を交わしていくのです。お国言葉のせいで、内容はよく聞き取れないのですが、皆さんうれしそうです。

私「どんな話をしてたんですか？」

職員「一言で言えば情報提供。狭い町ですから、誰がどんなことを知りたがっているか、だいたい分かります。新聞もネタを仕込むようなつもりで読んでいますね」

介護に奮闘する町民と会えば、「最新デイサービス特集」の記事コピーまで手渡して話し込みます。出くわした「未婚の青年」とは、県内の婚活イベント記事をネタにして盛り上がっていました。

「この話題、○○さんに話してみよう」と、伝えたい人の顔を思い浮かべながら新聞を読む。こうした普段の心がけが「気働き」につながりそうです。

情報伝える「あ、そうそう！」の技

先ほどの職員さんのような「雑談の名手」というべき方、皆さんの身近にもいらっしゃるかもしれません。

私の町内会で取りまとめ役として活躍する近所のおばさまもそうした一人です。私はひそかに「あ、そうそう！　おばさん」と呼んでいます。

このあいだも、「おはようございます！　暑いですねえ！　あ、そうそう！今度の日曜、○×センターでのバザー。お花のプレゼントもあるらしいですよ」と、笑顔の挨拶と一緒に町内会の大事な情報を、たまたま思いついたようにさりげなく伝えてくれるのです。回覧板で知ってはいましたが、おばさまから直接、笑顔で「あ、そうそう！」と言われると、不思議にその気にさせられ、ついつい出かけてしまいます。

すれ違いざまの、わずか七〜八秒の会話でおばさまは近隣の人たちに、「重要伝達事項」をきっちり伝えています。

成功のカギは「あ、そうそう！」の一言。ついでのようにあっさり伝えるから、聞く側も押し付けがましいという気がしません。

これが「町内会からの大事なお知らせ、お伝えしますね」などと「無粋《ぶすい》な前置き」や「念押し」をされたら、「行かなきゃまずいのかなあ」と、うっとうしく感じてしまうものです。

「あ、そうそう！」の技は、ご近所に限らず、職場の部下に、息子や娘に何かを伝えたいが「説教くさくしたくない」という場面で使えます。

「勉強に役立つ記事があったから読みなさい」よりも、「あ、そうそう！　これ面白くない？」と、さりげなく見せたほうが素直に興味を持ってもらえそうです。

「ゆるい集まり」は意気込まず

説教くさくしない、ということは簡単なようで難しいもの。そう感じたエピソードを先日伺いました。

「定年退職後、地域活動に参加したい」と考える人は少なくありません。地元の行政が発行する広報などには、いくつものグループが紹介されています。

先ごろ、某商社を定年退職したAさんは、広報に掲載されていた〝子どもたちに昭和の遊びを教える会〟に興味を持ち、会場に指定された小学校へ行ったそうです。ところが、校内のどこにも「会場案内」が見当たりません。

ようやく開催会場である教室にたどり着くも、開始時刻を十分オーバー。でも、そこでは初老男性が二人、のんびり雑談の最中。三十分ほどたち、ようやく全メンバーが集まったころ、リーダーらしき人が話し始めました。

「ぼちぼち行きますか。まず、何から話をするか。これについて、話していきますかねえ……」

Aさんはあきれました。会社でこんな〝開会の辞〟を口にする人がいたら怒《ど》鳴《な》りつけるところ。Aさんは思わず手を挙げ、こう発言しました。

「会場案内もない。集合時間も守らない。議事進行も決まっていない。これでは、子どもたちに遊びを伝承するという大目標の達成は難しいんじゃないですか?」

一同は「ん?」と、あぜんとするばかり。なぜならば、名目を付けつつ、基本は「暇なご近所さんが集まって茶飲み話でもしよう」というのも、この会の大事な趣旨の一つだったからです。「ゆるい集まり」に「現役感たっぷり」に意気込んで参加すると、「つきあいにくい人だなあ……」と迷惑がられる場合も。ご注意を。

長引きそうな話、上手に切り上げるには？

盛り上がった会話をどう切り上げるか。大事なテーマです。

どの街にも「話し好きなおじさん、おばさん」がいるもの。私もその一人ですが……。

たまにならまだしも、毎度毎度はちょっとつらい、ということだってありますよね。「角の立たないように話を切り上げる」方法について、考えてみましょう。

先日、帰宅直前で近所のおばさまにばったり。運悪くその日は、孫を連れた娘夫婦が家に来て、わが家での夕食を私の乾杯で始めると約束していました。おばさまのお相手をしたい気持ちはやまやまですが、この日だけは避けたかったのです。

おばさまはいつものように笑顔で話しかけてきます。いったん話し始めるとなかなか止まりません。

だからといって、「今日は急いでいるんで、お話はまたの機会に」とあけすけに拒否するように言ったら感じ悪いですよね。

こういう場合、皆さんならどうなさいますか?

「気のない返事をしながら時計をチラチラ見て、用向きがある雰囲気を伝え、察してもらう?」

それはかえって失礼なことになりそうです。

私は、おばさまの姿を目視した瞬間、慌てた感じでこちらから声をかけました。

「あー○○さん!　七時の乾杯に遅れちゃってもう大変なんです、どうもー!!」

そのまま玄関に駆け込みました。

こういう時は、「逃げ」でなく、「攻め」をお勧めします。

なんだか慌てている様子の私から声をかけられたおばさまは、勢いに圧倒されたのか、たった一言「まあ、大変なんですねえ、頑張って」と。

「話し好きおばさん」につきあわされて困るという方は、「逃げる」より「先手を取って話しかける」のも悪くない、というのが私の提案です。

「あら、お散歩ですか！　お気を付けて！」

「お買い物!!　行ってらっしゃい！」

「わあ、夕焼け！　じゃ失礼しまーす」

この際、会話の首尾一貫性など、どうでもいいのです。

話の主導権をおばさんに渡さず、こちらが先に話しかける。

話し好きのおばさんが面食らった瞬間、あなたは目を腕時計に。「あ、もうこんな時間！　失礼しました」。笑顔で手を振りながら、その場を立ち去る。

「あの人はまあ、一人でベラベラおしゃべりな人だ」。そうつぶやいて、おばさんは家路を急ぐのです。

守りより、攻めですね。

ちょっとした変化を見逃さない

普段の何げない「雑談」は、「討論」や「役割を持って語る仕事の会話」とは違います。「これだけは、話しておかなければ」というものではありません。いつでもどこでも終われる、というのが雑談の良いところ。

切り出した側は、聞き手の反応を見ながら、「もうこの辺が切り上げどころかな?」とか「この後の予定に差し障りがありそうだな」とか「長すぎたかな」と感じたら、切り上げたほうが無難です。雑談には「入り口」も大事ですが、「出口」も、同じくらい大切なのです。

先ほどの「攻めて、終わらせる」のが基本です。

切り上げたいと思ったその時に、空を見上げ、または、時計を見やり、または、登下校する子どもの姿を見、「ちょっとした変化」が見られた瞬間を逃さぬようにしてみてください。

「あら、もうこんな時間、ごめんなさい！　こんなに長くお引き留めしちゃって」と、何かのきっかけを理由にして、幕を引きます。

雑談の終わりは、少々唐突でも構いません。ずるずる相手の時間を奪うことのほうが失礼にあたるケースもありますから。

言葉を交わす、ただそれだけで、互いの親しみ、関係性は十分に向上します。それが雑談の効用。「浅く、短く」で一向に構いません！　皆さん、肩の力を抜いて、軽やかな雑談を楽しみましょう。

2　感じの良い話し方・言葉遣い

宴会などのお誘いにどう答えるか？

われわれは、ちょっとした話し方の違いで、「感じが良い」「感じが悪い」と他人を判断するものです。

たとえば、町内会の役員さんが一般会員AさんとBさんの二人に、「新年会、どうなさいます？」と尋ねたとしましょう。

Aさんは「行きません」、Bさんは「行けないんです」と答えました。

両者とも「不参加の表明」なのですが、役員さんに与える印象はだいぶ違いました。

「行きません」のAさんには、「行きたくない！」という、強い拒否の空気に圧倒されました。一方、「行けないんです」のBさんには、「なんだ、たまたま参加できない事情でもあったんだな」と、穏やかな気持ちで受け止めることができました。

「行きません」は、Aさんの意図には関係なく、役員さんに対し、「行かない・行きたくない」という強い意思をストレートに表明したことになります。

ビジネスでは「明確に話せ」と言われますが、日常のちょっとした会話では、むしろあいまいな言い方が好まれることがしばしばです。Bさんの「行けないんです」も、その一つ。「不参加」を自分の意思ではなく、状況や事情のせいにして、「本当は行きたい」という〝含み〟をにおわせています。

あいまいな言い方で、「人間関係の悪化」を防ごうとの工夫ともいえます。

たとえば飲み会のお誘いを断りたい時は、こんな調子がお勧めです。

「いいですねえ！　生ビールで、焼き鳥かあ（と言って、うれしそうに手帳を出して予定をチェックした後、『あれ?』と、戸惑う表情を作り、絞り出すような声で）わあ、この日でしたかあ……ややこしい件でちょっと出かけなきゃいけないみたいで。うーん、うーん……」

「ややこしい」「ちょっと」という「あいまい」ですが「わけがありそうな言葉」に「それって何ですか?」と踏み込んで問いただす人は、まずいません。日本の「察する文化」を利用しない手はありませんね。

残念だ、悔しい、という「悩ましさ」を表情に出して見せることです。

そうすれば、誘った側が気の毒に思ってこんな気遣《づか》いの言葉を言ってくれるかもしれません。

「もう、われわれの飲み会のことなんか気になさらないで、大事なご用、きっちりなさってください」

「せっかくお誘いいただいたのに……」

「そんなこと、気にしない気にしない、またお誘いしますから」

たいていはこんなふうに丸く収まるものです。

標準語の原型「山の手言葉」

都心で迷子になってしまった時のこと。東京タワーを間近に望めるその界隈《かいわい》は、緑豊かな公園がそこここにあり、世知辛《せちがら》い世間を忘れるにはうってつけですが、人に道を尋ねるには最悪な環境。平日の昼過ぎは人通りもサッパリ。

「早く最寄りの地下鉄駅から電車に乗らないと、仕事に遅れる！」。と、その時、〝天使〟が現れました！

「どちらか、お探しですか？」

白髪でご高齢の女性が、上品な笑顔で声をかけてくださったのです。

「近所に住まう者ですが、お役に立てますかしら？」

いわゆる「標準語」は東京の「山の手言葉」を基に、明治ごろに作られたといわれますが、この女性の話しぶりから、その「原型」を聞けた気がしました。こんな素敵な日本語を聞くのは久々です。私の不安をしっかり受け止め、各所、目標物を示しつつ「絵を描くように」語るのです。そして、最後に一言。

「駅には、二つの入り口があります。向かって右側から入ると、エレベーターが使えますから、便利かもしれません。お若いから余計な心配でしたわね。お気を付けて！」

「ありがとうございました!!」

最敬礼して見送った〝天使〟が杖《つえ》をお使いだと、その時、初めて気が付きました。

駅に着いた私はエレベーターを使い、ホームへ。電車に乗り、遅刻の心配は杞憂《きゆう》に終わりました。

年長者に下の名前で声かけ

年齢を重ねても、生き生きと美しく生きていらっしゃる方は素敵ですよね。

わが家の近所にも、大勢のご高齢の方が集い、楽しく交流している場所があります。

「カズコさん、お久しぶりです！」「ヒサコさん、今日は素敵なワンピースですね」「お待たせしました！　テルコさん、5番にどうぞ」

飲食店の接客ではありません。ここは近所にある、外観も内装もごく普通の整形外科クリニック。でも大繁盛《はんじょう》なのです。声をかけているのは、リハビリ担当のスタッフ。イケメンもいますが、体育会系でがっしりタイプのおじさんや、中年女性スタッフも。共通点は笑顔と気配り。皆さん、患者の名前と症状を全て覚えている様子です。

ザッと見渡したところ、主たる「客層」は七十代から八十代の女性。杖をついたり、歩行器を使ったりという方も少なくありませんが、表情は皆さん元気はつらつ。積極的に言葉を交わしていました。

「お元気そうねえ、まだお若いんでしょう?」「いえいえ、(昭和)元年ですから」「やっぱり昭和ねえ。私は十三年の大正生まれ」

九十代同士とは信じられないほど、軽やかに会話を楽しんでいます。暗くなりがちな医療施設が「明るい社交場」に。ポイントはスタッフの応対。とりわけ「年長の方を下の名前で声かけする」ことが大きいと感じました。

実は妻がここに通っています。付き添いで行きますが、「まりこさーん」と呼ばれて「はーい」と答える顔は、まんざらでもない表情。今では私も「まりこさーん」と呼んで〝好評〟を得ています。

語感が変わる「も」と「は」の位置

「ほめて喜んでもらおう」と声をかけているのに、あまり喜んでもらえない人がいます。たとえば、ご近所のおばさまが笑顔でこんな声をかけてくれました。

「田中さんのご主人も、スーツ姿はいいわねえ」

おばさまはほめたつもりですが、田中さんの奥さんは素直に喜ばない可能性があります。

「ご主人も……」の「も」から、「日ごろはさえないご主人も」との「通常時の低評価メッセージ」が伝わりかねないからです。

「スーツ姿は……」の「は」には、「スーツ姿以外の日常着はNGだけど、スーツだけはギリギリOK」と、ほめよりも「普段はダサい」との「皮肉」だと受け止める人がいます。

「田中さんの奥さんは、ひねくれ者だ！」

そういう声もありそうですが、誤解を避けるに越したことはありません。

そこでお勧めします。

「も」と「は」の位置を入れ替える！　たったそれだけです。

「田中さんのご主人は、スーツ姿もいいわねえ」

どうです？　素直に喜んでもらえそうな気がしませんか？　お子さんに対する声かけは、このように。

「お前は、返事もいいんだなあ」

奥さまに言葉をかけるなら、「君は、和服も似合うね」。

より大きな笑顔が見られたらいいですね。

話を弾ませるなら「三択」で

数年前のこと、某駅の待合室でこんな会話を聞きました。

「ＮＨＫ朝ドラ『とと姉ちゃん』（二〇一六年上半期放送）に出てくる三姉妹だと、誰派かな？」

六十代半ば過ぎの男女が、リュックを背負って夏の小旅行に向かうご様子でした。

「妹のことを考え、自分の進学を断念した経験もあるから、常子《つねこ》に共感しちゃうな」

「おれは次女の鞠子《まりこ》派！　美人で控えめが一番！」

「息子の嫁なら末っ子の美子《よしこ》！　気が利いて、小まめに働くから私ともうまくやれそうだし」

「おたくの息子、もうじき四十だっけ？」

「まだ三十九よ！」（一同爆笑）

盛り上がっていた理由は、話題が、中高年に人気のテレビの連ドラだったことに加え、会話の口火を切った「三姉妹なら誰派？」という「三択質問」が功を奏したと感じました。

「何か面白いことある？」という「選択肢のない質問」は漠然《ばくぜん》としすぎて、答えにくいもの。二択は「白か黒か」を迫るようで、軽い雑談には不向き。「AかBかCかDか？」と四択以上は答える方も面倒くさいですよね。

会話促進には「三択」がベスト。

「キャンディーズだと、ランちゃん？　スーちゃん？　ミキちゃん？」

「新御三家だと、秀樹？　五郎？　ひろみ？」

六十代以上は、とりわけ三択で盛り上がります。普段の会話で、お試しを！

物忘れも〝和みの会話〟の弾みに

「人の名前が、スッと出てこない！」と、物忘れの多さに慌てる人がいます。
しかし、還暦を過ぎた私のような「ベテラン」になると、物忘れのおかげで、むしろ会話が弾《はず》む、なんてことがあります。
Ａ「今年（二〇一五年）はノーベル賞が二人も出て、良い年でしたね」
Ｂ「特に『亡くなった奥さんに報告したかった』と、おっしゃった先生の話には泣けました！　東大の夜学を出た苦労人で……」

A「そうでしたねえ。名前が、大……、大野、大野智《さとし》さん、でしたっけ？」
B「さすが！　フルネームがポンと出る！」
せっかくの「良い会話」に水を差す人がたまにいます。
若者C「お言葉ですが、お話を伺いながら、スマホで検索しました。先生のお名前は、『大野』ではなく『大村』。『大野智』はアイドルグループ嵐のリーダーです。『東大の夜学』ではなく、山梨大学卒業後、夜間高校教師を経て、本格的に研究生活を始めた、とあります」
A&B「はあ……」
間違いの許されない交渉事や国際会議など「公的な場面」ならいざ知らず、ごく私的な〝和《なご》みの会話〟では、情報の中身の真偽より〝ノリ〟や〝弾み〟が優先されることがあるのです。
〝生の会話〟より、ネットの「検索癖《へき》」を優先させると、実りある会話を台無しにする時もある。そういう「リスク」を知っておいたほうが良さそうです。

3　時と場合に応じた雑談を

顔と名字が分かる程度の人とは……

駅や停留所、近所のスーパーで、さほど親しくはないが顔は知っているご近所さんと出くわした！　「何から話せばいいんだろう？」と、居心地の悪い気分を味わったことはありませんか？

「顔と名字が分かる程度の人との会話をどうするか？」。実はこれ、相当な難題なのです。

「どちらまで?」「お仕事ですか?」「ここにはいつも来られるんですか?」

一見、「無難」だと思われる問いかけが相手を戸惑わせることがあります。

「どちらまで?」→「家庭裁判所まで……」

「仕事ですか?」→「いや、ハローワークへ……」

「ここにはいつも?」→「妻は来ていましたが、実は体調を崩して……」

このように「疑問で始める会話」は、相手のプライバシーを侵害する恐れがあります。人は大なり小なり、聞いてほしくない事情を抱えているもの。注意が必要です。とりわけそうした事情を察することが難しい「顔と名字が分かる程度」の方に、「質問で始める会話」で話しかけることは避けたほうがよいでしょう。

そこで、入り方の一つとしてお勧めなのが「天気」です。「平凡な答え」で恐縮ですが、あまり親しくない人との「鉄板フレーズ」は「蒸しますねえ」「ひと雨来そうですねえ」など「天気の話題」です。その話題を振って「立ち入ったことを聞く、失礼な人だ」と反発されることは、まずありません。天気は人々共通の関心事です。

また、時節に合った話題、天候に限らず季節ごとの行事や草花、食べ物なども使えるネタになります。いざという時のために、新聞やテレビの天気予報など、普段からそうした情報に目を通しておくことが、役に立ちそうです。

気の利いた超簡単会話術

寒さ厳しい日など、ご近所さんを見かけても、声をかけるのがためらわれることってありますよね。

寒空の下、真夏の炎天下など、雑談を交わすのは、こちらはともかく相手にとって迷惑ではないかと、察する気配りが必要です。

だからといって、見知った人をそのままスルーして相手に気付かれ、「何か私のことで気に入らないことでもあったのか？」と、その後のご近所関係がギクシャクするのは避けたいものです。

そういう危険回避に有効な「超簡単会話術」があります。

ご近所さんと目が合った瞬間、「あなたの存在を認識しました」という印の「笑顔」をしっかり見せつつ、「冷えますねえ」とか、「（雪が）また降りそうですね」など、「何でもない一言」を声に出すことです。「笑顔」＋「一言」はせいぜい五秒以内。相手の「本当ですね」「寒いですねえ」など「返答」を加えても、十秒を超えることはありません。

震えるような寒空の下であれば、よほどの話し好き以外は、さっさと切り上げたいと思うのが人情です。相手の方も、あなたの短い挨拶に感謝しながら「気の利いた人だ……」と、つぶやいて目的地に向かう、かもしれません。

長く言葉を交わし合うばかりが、ご近所関係を良好にするわけではないのです。

花粉の季節、マスク着用の会話は……

もうすぐ春かというころのこと、近所のおばさまが渋い顔で言うのです。

「銀行に行ったら、窓口の若い女性がマスクのままでモゴモゴ言うから聞き取れなくって……。この時期、花粉症だの、いろいろあるんだろうけど、最近マスクのまま話す若い人、増えたんじゃない？」

長年、保険外交員として働いてきた彼女からすると、「マスクしたままの接客」など、ありえないということでしょう。しかし、その「常識」も今や怪しくなってきたようなのです。

某社で採用担当する友人が嘆いていました。

友人「面接にマスク？　いますよ。ネット上には、風邪気味の時は、遠慮なくマスクのままで構わない。外して相手にうつすと、かえって失礼、なんて助言があるらしい」

私「面接で顔をきっちり見せないほうが失礼だよね」

友人「だからといって『マスク取ってくれます？』とも言いにくい。悪気はないんだから。でも正直、良い評価にはつながらないと思う」

面接に限らず、顧客・取引先を相手に「マスク越しの会話」は「失礼な人」との印象を与えます。

ここで、私からの悪知恵を一つ。マスク着用中、突然、目上の人から声をかけられる場面に遭遇したら、ちょっと慌てて「マスクを外すふり」をしてみてください。

「ああ、いいです、いいです、そのままそのまま。風邪ですか。流行《はや》ってるようですねえ」

気遣いの言葉をかけてくれた目上の方は、その心の中でこう思ってくれる可能性だってあるのです。

「運悪く風邪を引いたのか、マスクで出社したが上司と会話するのにマスクは失礼だと、こんなに慌ててマスクを外そうとした。かわいいやつだ」

「マスクを慌てて外す」という行為が「好印象を与える」なんてことがないとも言い切れません。

なーんて、小技を考える前に「風邪を引かないよう、健康管理を万全にしておこう」という断固たる決意こそが、目上に限らず、周囲からの好印象につながります。

「使う言葉」で印象は変わる

夕方過ぎるとまだ肌寒く、晴れた日中に「春到来」を感じる。そんな折、梅の花を見上げた、二組のご近所さんがいました。

一組目は若い会社員のお二人の会話。

「梅の花弁《かべん》の開花率八〇パーセント超。色彩・光沢とともにコントラストが鮮やかですね」「地球温暖化は気になりますが、われわれのメンタル的な躍動感をアップさせるファクターにはなりそうですね」

同じ梅を見上げて、地元に住む長老のお二人はこんなふうに話しました。

「春告げ草もほころんで、華やいできましたねえ」「うららかな日よりは、何より心ときめきますねえ」

もちろん、この二つの会話はフィクションです。

同じ内容も「使う言葉」を変えるだけで、「論理的な会話」にもなれば「情緒《じょうちょ》的な会話」にもなるということです。

「論理的な会話」には「漢語や横文字」が似合いますが、「心を交わし合う会話」には「ひらがな言葉」が効果的です。

近年、大和《やまと》言葉がブームのようですが、これも「日常会話を優美に演出するなら、ひらがな言葉はいかがですか？」との提案が社会に受け入れられた結果でしょう。

人をほめるにも「ビジュアル的にOKだね」よりも「ものごしや、たたずまいがしなやかだね」と「大和言葉」を使ったほうが「やわらかな風情《ふぜい》」をかもし出せます。

「大和言葉」とは「漢語や外来語ではない、日本固有の言葉、和語」と定義されますが、そんな大げさに考える必要はないと、私は思っています。

二〇二〇年の東京オリンピック・パラリンピック招致の決め手となったキーワード「おもてなし」にしても、「ホスピタリティー」とか「歓待」「接待」と意味は変わらない言葉ですが、響きが「みやび」で「耳にやさしく温かい感じ」がしませんか？

こういう、よりやさしく、上品に聞こえる言葉を総称して「大和言葉」と考えても悪くはないと考えます。

「感動した」を「胸にしみた」に言い換えたり、「援助」「協力」を「お力添え」、「日没近い」を「暮れなずむ」、「安価」より「お値打ち」、「超すごい」を「このうえない」という具合です。「漢語より、和語」、「硬いより、柔らかい」を心がけて辞書で言葉を選んでいけば、自然に「大和言葉の名人」になれるかもしれません。

いかがでしょうか。この心がけ、普段の会話に「推薦」ではなく、「おすすめ」です。

夏の「会話不足」にご用心

夏は「水不足」「電力不足」が心配されますが、実は「会話不足が深刻」となる季節でもあります。

真夏の炎天下、ご近所で、気楽に立ち話を楽しむ人の姿を見かけることも、あまりありませんね。熱中症にでもやられたら、かないません。

「暑いから外出は控える」

「家で冷房を効かせ、じっとしているのが一番」

私のような中高年の多くがそう思います。外出を避け、家に閉じこもりがちになる結果、真夏は「人との会話の量」が減ってしまいます。会話の量が減ると、「生きる力」も低下してしまうのです。

人との会話は、おでこの奥にある「前頭葉《ぜんとうよう》」という脳の部位を刺激し活性化します。この前頭葉は、脳の中でも思考力や集中力、感情をコントロールする力などを左右する部位とされ、まさに〝人間らしさ〟を生む大事な場所。ちょっと落ち込んだ時、家族やご近所さんとのたわいもない雑談で、なんだかすっきりした。そんな経験をお持ちの方、いらっしゃいませんか。「人との交流による前頭葉の活性化」が、われわれを元気にしてくれているのです（瀧靖之『生涯健康脳』ソレイユ出版、参照）。

最近、全国の自治体では「クールシェア」を呼びかけています。「暑い日は、図書館、公民館、公園、趣旨に賛同する地元のお店などの施設を〈涼しさを分け合う場所〉と考え、ご近所同士の雑談や交流の場に活用しよう」というものです。

家の電気代の節約だけでなく、新たな出会いや楽しい会話で、前頭葉が刺激され気分がアップするなら一石二鳥ですね。

「汗っかき」の弱点を「強み」に

暑い夏の日のこと。

「ピンポーン」

玄関を開けると宅配便の配達員さんでした。ほとばしる汗に満面の笑顔で「ハンコお願いします！」と言われると、「あ、お疲れさまでーす！」。いつも以上にありがたさが身にしみます。

「汗をかく」を辞書で調べれば、「苦労する・頑張る」とあり、「法案成立に汗をかく」が例文に挙げられています。

先ほどの宅配便のお兄さんの好感度が高まったのは、「自分の前で汗を流してくれている」その姿です。

ところが、実際には「汗」で悩んでいる人がたくさんいます。後輩の雑誌ライターがこんな悩みを訴えました。

「夏は、制汗のため、近くのコンビニでしっかり体を冷やしてから現場に向かいます。それを怠《おこた》り、現場に行き、額《ひたい》から汗が滴《したた》り落ちるまま話を聞いていると、〈大丈夫?〉と心配され、結局、良い話が聞けないことが多々あるんです」

それを聞いて私は、ダンディーな某先輩を思い出しました。自他ともに認める「汗っかき」。それなのに、真夏の取材を難なくこなしていました。

その秘訣《ひけつ》は、手ぬぐい!

豆絞りなど和風からカラフルな洋風まで、汗を拭くのに便利な手ぬぐいを、ジャケットの下にスカーフのように巻いている「中尾彬《あきら》スタイル」。でもおしゃれ。「何それ?」がきっかけで、その後の会話は大いに弾み、堂々と汗も拭けると自慢していました。

弱点を「強み」に変える。たくましい人もいるものです。

配達してくれた人に何と言う？

ところで皆さん、宅配便など荷物を届けてくれる配達の人に、何と声をかけますか？

「ああ、どうも」程度で済ませていた私は大いに反省させられました。それは、「国語に関する世論調査」（平成二十七年度、文化庁）にあった「注文した品を届けに来た配達の人に、何と声をかけますか？」との設問に対する答えを見た時のこと。回答した人の約五割が「ありがとう（ございました）」と、丁重《ていちょう》なお礼の言葉をかけ、約四割が「ご苦労さま（でした）」とねぎらいの言葉を伝えています。皆さん、思った以上に「ちゃんとしている」のです。

私のように「どうも」などという不心得者は、たったの二・三％。「何も言わない」という〇・六%よりは「まだ、まし?」なんて言っている場合ではありません。

仕事先や、ご近所の知っている顔の人には「へこへこ」する人に限って、外部の人に対する感謝の念に欠ける気がします(私です……)。

ごく日常的に交わされる、このような「配達の人とそれを受け取る人とのやりとり」を、職場の仲間やご近所の人たちは「見て見ぬふり」をしながら、しっかりご覧になっているかもしれません。そのわずかな一瞬で「気遣いに欠ける」「配慮が足りない」との悪い印象を与えている、かもしれません。

なーんて、世間体で、配達の人への応対を考える根性そのものに「問題あり」と、これまた反省してしまいました。

地域に溶け込むための「武器」

私の友人で、北海道の余市《よいち》出身の男性がいます。東京では「よいち」の最初の「よ」を高く言う「頭高アクセント」が普通ですが、彼の地元では「よいち」は、どこにもアクセントを置かずフラットに言う「平板アクセント」が一般的です。

彼が学校を卒業して、東京の職場や移り住んだ街で「生まれも育ちも、よいち、です」と平板に言うたび、「え？　どこそれ？」と変な顔をされたそうです。

そのたび、少しむっとした感じでこう説明を添えるのです。

彼「ウイスキーと宇宙飛行士の毛利衛《もうりまもる》さんで有名な、〈平板アクセントで〉よいちです」

ここでようやく東京の人は彼が「余市出身」だと理解しました。

東京の人「ああ、〈頭高アクセントで〉よいち、ねえ。知ってる、知ってる。たしか札幌の下か上だったよね（余市町は札幌の西です）」

この「アクセントの違いのおかげ」で、次第に東京の人たちから自分のことを本名とは異なる「よいち君」と、いわばニックネームで呼んでもらえるようになり、会社や地元の人にかわいがってもらえることになりました。

「お国言葉」は新たに移り住んだ地域に溶け込む時の「武器になる」とも言えそうです。

こんな人とは、こう話そう①

「初めまして」で緊張している人

地域や、集団になじんでいない「転入者・新規参入者」の方が、初めてのコミュニケーションに緊張し、不安を感じてしまうのは、ごく自然なこと。さて、あなたがそうした方を迎え入れる側にいた場合、どう接していけば良いでしょうか。

そういう「新人さん」には、硬い感じは一切抜きで、気軽な雰囲気を出しながら、さりげない挨拶から、声をかけてみましょう。

ポイントは、まず自分たちについての情報をお伝えする「自己開示」

から始めることです。「迎え入れる側」は新参者に「どこから来たの?」「何をやってたの?」など「質問攻め」をしてしまいがちですが、その前に「自己開示」を積極的に進めるほうが、良い効果を生みます。「知っている人の話」なら「聞いてみよう」と思うもの。相手に「安心感」を与え、「この人たちなら自分の話を聞いてもらえそうだ」と思ってもらえれば、その後のコミュニケーションもスムーズに進むはずです。

第2章

笑顔の家庭を育む心がけ

1 夫婦円満のための心得

会話の主役は、誰でしょう？

「好感度の高い人」の条件とは何でしょう？

正解は「人の話をよく聞く」です。会話の主役は「聞き手」であり、好感度の高い人は「よく聞く人」なのです。

妻の夫に対する不満で真っ先に挙げられるのが、「ちっとも話を聞いてくれない」です。うわさ話を触れ回るご近所さんは、「厄介《やっかい》な人」と敬遠されがち。

「お買い得ですよ！」「売れてますよ！」と、一方的にまくし立てる店員からものを買いたいと思う客は、あまりいません。

人に好かれる会話をめざすなら、「聞くのが七割、話すのが三割」を心がけてみてください。私は「七：三の法則」と呼んでいます。

「話す倍以上、聞く努力をする」。これが話す相手に対する「最高のおもてなし」です。「七割も聞くのか」と驚《おどろ》かれる人もいるかもしれませんが、「上手な聞き手」をめざすには七割では済まないぐらいの配慮と技が必要です。

では「会話を弾《はず》ませる聞き手の技」の基本的な「態度」をご紹介しましょう。

（1）話し手の表情やテンポに合ったうなずき、相づちを返しながら聞く。

（2）「でもさぁ……」とのさえぎりや「……すればいいじゃない」と安易な助言はしない。

（3）言葉の背後にある「意図」「感情」に共感しながら聞く。

大事な人と話をする時、「何を話そうか？」の前に、「どう聞こうか？」を考えてみると、会話がもっと楽しくなるはずです。

同じものを見て共感し、言葉を交わす

会話上手になるための参考例は、いろいろなところに転がっています。たとえば、NHK番組「ブラタモリ」。私の周りでタモリさんと一緒に旅をする近江《おうみ》友里恵アナの人気が、すこぶる高いのです（二〇一六、一七年度放送回に出演。二〇一九年八月現在は「あさイチ」担当）。

「ほんわかした天然さ、キョトンとした表情に癒《い》やされる」「最近流行の小顔じゃない丸顔からこぼれる、はにかんだ笑顔が良い」など。あらためて番組を見て、おやじ連中に「近江アナと一緒に旅ができたらなあ……」と感じさせる、

その魅力を分析してみました。

彼女は、旅を楽しむ博識なタモリさんに寄り添うことに専念していたのです。それが証拠に、彼女がカメラ目線で直接、視聴者に向き合う場面などほぼゼロです。

タモリさんの一歩後ろを歩き、タモリさんが見る、その同じ風景を見たまま、いわば「タモリさん目線」のまま、タモリさんの感動やうんちくへの共感を「ええ」「そうですね」と、わずかなコメントと、ごく自然なしぐさで伝えます。

二人は向き合わず、同じ方向を見て会話するのです。

まるで、老夫婦が縁側で花を愛《め》でる光景に似ています。

夫「そろそろ満開だね」

妻「ほんとですねえ」

お互いを見るのではなく、同じものを見て言葉を交《か》わす。こういう「分かり合った二人」の旅が、おじさんの理想なのかもしれません。

見えるものを口に出すだけで……

「夫婦が一日に交わす会話、四割以上が原稿用紙一枚分以下」（ホンダオートテラス調べ）。こんな調査結果が目に留まりました。

「分かる！　夫婦の会話って、難しいもんな」。友人の一人がつぶやきました。典型的な〝会社人間〟だった彼は定年後、「妻との人生を大事にしたい」と、夫婦で朝夕の散歩を始めたそうです。ところが、最初は喜んだ奥さまも、黙々と歩くだけの夫に「ジムのトレーニングみたい」と、あきれてしまいました。

仕事の会話はこなせても、たわいない会話が苦手、という人はいるものです。

真偽は不明ですが、こんな話もあります。とある明治の文豪が、「I love you」を日本語に訳す時、適当な言葉が見つからず、「月がきれいですね」と翻訳したそうです。日本人カップルは直接的な表現が苦手、というたとえに使われる都市伝説のような話ですが、このテクニックは使えると思います。

つまり、「目の前に見えるものを、口に出すだけ」で大事なメッセージを伝えられるということ。先ほどの散歩中の夫婦の会話に戻ります。

夫「梅のつぼみが膨らんできたね」

妻「ホントだわ！　夕焼けも鮮やか！」

夫「ほら富士山！」

妻「わあ」

同じ時間に、同じ方角を向き、同じものを愛でる。たったこれだけで、好意を寄せ合う。こんな日本人の知恵。

そうです！　夫婦の会話の極意は、まさに先ほどご紹介した「ブラタモリ方式」そのもの。

定年後、妻との散歩の会話が弾まないとグチをこぼした友人にそのことを話したら、「なるほど！」と今はそれを実践したご夫婦。その後の散歩は順調のようです。

「さしすせそ」談議で思わぬ災い

近所に住むAさんの奥さまからこんな話を聞きました。

「うちの夫、定年退職を機に料理を始めましてね。でも、料理の味付けの基本が『さしすせそ』ってことも知らないんですよ」

「男なんて、そんなもんですよ」と他人事《ひとごと》みたいに話した私。が、実は、本当のところをまるで知らず……。恥を忍んで妻に聞きました。

私「砂糖の『さ』、塩の『し』、酢の『す』、ソースの『そ』。『せ』は、何だった《》っけ？」

彼女は勝ち誇ったように言うのです。

「まず、『そ』は、味噌《みそ》の『そ』。それに『せ』は醤油《しょうゆ》の『せ』ですからね」

「醤油は『し』でしょ？」と聞くと、「それじゃ、語呂合わせにならないから、旧仮名遣《かなづか》い風に『せうゆ』で、醤油を表現してるらしいわよ」と即答される。

「旧仮名遣いなら、『しやうゆ』じゃない？　やっぱり、『し』だよ」と反論すると、「もう！　ゴチャゴチャ言ってないで、あなたもそのご主人を見習って、たまには、おいしいもの作って、私を楽にさせてくれないかしら！」と。

ご近所話を軽く振ったことが、思わぬ災いを招いてしまいました。妻との会話にも細心の注意が必要です。

ちなみに、この日の夕食は、最近体重を気にする妻が好んで作る「そ」をこんにゃくにのせた味噌田楽《でんがく》。「さ」をふんだんに使う、私の大好物・お汁粉《しるこ》を長らく作ってもらえないのが残念でなりません。

公私を問わず、謝罪は潔く

夫婦関係も普段の心遣いが大事。たとえばこんな場面。

夫がほろ酔い気分で深夜の帰宅。

「ただいま〜、おなかすいちゃった！　何か作って‼」

夫の大声に、せっかく寝かしつけた赤ちゃんが泣き出し妻は激怒。「まずい……」と思った夫がこんな謝り方をしたらどうなるでしょう？

「つきあい酒で気分が高揚していたからとはいえ、家族に迷惑をかけたとしたら、その点は謝りたいと思う……」

「そういう事情なら、しょうがないわよねえ」と、にっこり笑って許す妻がこの世にいるでしょうか？　少なくとも、わが家ではまず「無理」です。

問題は「謝罪の言葉」にありました。

「〜とはいえ」「〜としたら」との「言いわけ」や、「〜たい、と思う」といった「他人事みたいな言い草」は、謝罪された側の怒りを増幅させてしまうからです。

「思うんじゃなくて、この場で謝れ！」と、ツッコミを入れたくなります。

テレビでは最近、毎週のように、いろいろな「謝罪会見」を報じています。その中にも「〜とはいえ」「〜としたら」「お詫《わ》びしたい、と思います」など「煮え切らない言い回し」が聞こえてきませんか？

わが家なら「お小遣い減額」程度で許してもらえる「不適切な謝罪コメント」も、メディアを通じた「公的な謝罪」をしくじれば、世の中全てを敵に回すことになりそうです。

「悪いのは私です。すみませんでした！」。公私を問わず、謝罪は潔《いさぎよ》く、ですね。

2 世代間ギャップを乗り越える

孫との会話「やばい」「微妙」

六十歳をはるかに超えた一般の女性たちが、若やいだファッションに身を包み銀座や表参道の街角でポーズをとる写真集を本屋で見かけ、思わず手に取りました。これが売れているそうです。

「そのレベルにはまだまだ」とおっしゃる読者の皆さんも、一昔前のシニアに比べれば、ずっとおしゃれになっているはずです。ファッション感覚には、かってほどの年齢差はなくなってきました。

その一方で、言葉についての「年齢差」が広がりつつあります。

たとえば「やばい」。シニアのほとんどが「危ない・ダメ」という否定的な響きを感じる言葉です。

ところが十代、二十代の若者の約八割から九割、三十代でさえ過半数が「かっこいい」など肯定的な意味で使うことがあると、「国語に関する世論調査」（平成二十六年度、文化庁）が伝えています。

孫と買い物に出かけ、気に入ったコートを羽織《はお》った時、「似合う？」と聞いてみてください。

「おばあちゃん、やばい！」と言われたら、「すごく似合う！」という肯定的な感想ですから、思い切って買ってみるのも悪くありません。

「微妙……」と言われたら、そのまま立ち去りましょう。

「微妙」という表現から、シニア世代は「繊細で美しい味わい」という「肯定的なイメージ」を思い描きがちですが、若者の九割以上は「似合うか判断がつかない」という否定的な意味で使うからです（同調査）。ご注意ください。

お買い物での会話を楽しもう

「お買い物」といえば、身なりを整えて、お出かけするもの。そんなイメージを持つのは、五十代以上の中高年ぐらいかもしれません。

本や電化製品、米、味噌、酒など、今や「ネットで購入が当たり前」の時代となりました。

米アマゾン社では、野菜や刺し身など生鮮食料品を最短四時間で配達するサービスを開始しています（地域限定）。

「商店のレジも自動精算機で味気ない」などと嘆くのも今のうちかもしれません。雑貨も家電も家具も、規模にかかわらず「店舗なし」が急速に進んでいるからです。

好きな時間にスマホで商品検索。おびただしい商品の中から、値段や購入者のコメントをチェックしつつ「どれにしようかなあ」と、楽しいお買い物気分だって、結構満喫できますよね。でも「お買い物」によって、みんなで楽しむ〝イベント性〟は感じにくくなるかもしれません。

高校合格祝いにお父さんが街の本屋さんで買ってくれた辞書、所帯を持った時に夫婦で一緒に家電量販店に出かけて買った炊飯器……。こんな「誰かとの思い出」がしみ込んだ商品を店先で買う機会は減っていくのでしょうか。

「上手に勧められたから思わず買っちゃったんだな、これ」と、ワンピースを見ながら、素敵な笑顔の店員さんのやさしい言葉を思い出すことも昔話となりそうです。

買い物のついでに会話を楽しめる「今この時」を大切にしたいですね。

家族旅行は会話よりも写真撮影!?

仕事で乗った新幹線で、不思議な光景を目にしました。

私が着席してすぐに、小学校低学年らしき男の子二人と、パパ、ママという四人家族がやって来て、私の斜め前の席に着きました。夏休みの家族旅行ですから、子どもがはしゃいで大騒ぎだろうと覚悟しました。

ところが、事態は意外な展開となったのです。

座るなり、パパはバッグから大きなカメラを取り出して二人の子どもに長いレンズを向けて言うのです。

「こっち向いて！　お！　いいね、いいね、その顔！」。シャッター音が鳴り響きます。

「あ、今ちょうど、窓越しにホームが写ってるわ。○○君笑って！」と、スマホカメラを担当するママの声です。

記念の写真を撮りたい気持ちは分かりますが、ちょっとやりすぎな気がしました。

さすがに子どもも、うんざり気味です。

「パパ、もういい？」

「えーと、じゃあ、お弁当開けて、パパに見せて、お顔はそのままこっちこっち！」

顔より大きなカメラ越しに指図するパパ。

「ママ、お外を見たい……」

「○○君のバックに、富士山がきれいに写っているから、後で見ようか！」

会話より写真を優先する家族。最近珍しくないとも聞きました。SNSで見た、とびっきりな家族写真の舞台裏は大変なことになっていたかもしれません。

「父・母・両親」の呼び方、学校では……

ある小学校のA先生が、こうおっしゃっていました。

「子どもたちに向かって、お父さん・お母さん・ご両親という言葉は控えるようにしています」

先生から「お父さん、お母さんに感謝しましょう」と、耳にタコができるほど言われて育った私には意外でした。

A先生「教室の中には、離婚や死別で一人親に、または両親ともいなくて、祖父母に育てられている、という児童が少なくないんです」

昔もそういう家庭はありました。私の小学生時代、「母の日」に「お母さんの顔を描きましょう」という課題が出た時のこと。隣の席の、いつもはひょうきんなK君が、暗い表情でクレヨンを持つ手を動かそうとしないのです。

心配したB先生が声をかけると、ぽつりと答えました。

「母さんは、僕を産んですぐに死んじゃった……」

「お産」が命がけだった時代の話。B先生は、穏やかな笑顔でこう言いました。

B先生「K君のお母さんは、授業参観にも来てくれている、ほら」

K君「え？　でも、あれは、おばあちゃん……」

B先生「おばあちゃんは、君にとってはお母さんでもあるんじゃないかな」

K君「うーん……分かった」

先生の気遣いを、受け入れようと決意したK君。

照れくさそうに祖母の絵を描き始めた児童と先生の繊細な心のやりとりが、今さらのように思い出されます。

先ほどA先生が話していたように、今の学校現場では、「保護者」「保護者の方」と統一した言い方で呼ぶのが普通になっているようです。「家族の形が以前よりずっと多様化したことから発生するかもしれない葛藤《かっとう》」を、あらかじめ避けるためなのでしょう。

「マニュアルで一律に対処する」この呼称には賛否がありそうですが、現場の教師は、「現状これで行くしかないのかなあ」と、つぶやくように語っていました。

もっと使おう「おかげさまで」

学校給食に関して、こんな〝伝説じみた話〟がありました。

「給食費を払っているのだから、子どもに〈いただきます・ごちそうさまです〉を言わせないでくれ」。学校の先生に注文を付ける親の存在です。本当なら世《せ》知辛《ちがら》い話ですね。

ここで、「NHK放送文化研究所」が調査した、気になるデータをご紹介しましょう。

「実際に世話になっていない場合でも、〈おかげさまで〉を使うか?」

たとえば「お元気そうですね」に対し、「おかげさまで」と返事をする。大人世代の大半が「使う」と答える一方、若い世代になるほど「使わない」の割合が多くなっています。「世話にもなっていない人に、〈おかげさまで〉は不自然だ」と考える世代が増えているらしいのです。

「お出かけですか？　雨が上がって良かったですねえ」

「ええ！　おかげさまで！」

相手が「天気回復に尽力してくれたかどうか」は、どうでもいいのです。「幸せな気分にさせてくれているあらゆるもの」に向けて、感謝を口にするのが日本の伝統的な会話ではないでしょうか。

「話す相手から具体的にどんな恩恵を受けているのか?」。そんな目先のことにとらわれず、万物に感謝するほどの広い心を笑顔で伝える「おかげさまで」。今日から、もっと使ってみませんか？

3 私の親孝行

親へのプレゼントを「会う」契機に

十年以上前の話です。年老いた両親が暮らす実家に電話したら、父が出ました。

「もしもし、しげるだけど」

「どうも！　家内は今ちょっと出かけておりますが……」

「僕だよ、しげる！」

「なんだお前か？　元気か？」

対面で話す時は気が付かなかったのですが、だいぶ耳が遠くなっていたんですね。

親孝行の罪滅ぼしに、最新デジタル式補聴器を買い、父にプレゼントしました。「おー！　よく聞こえるなあ！」と、大喜びの父を見て、親孝行のまねごとができたと、のんきに考えていました。

数カ月後。久しぶりに実家に帰ると、母は「お帰り」と私を迎えてくれましたが、父は大音量でテレビを見たまま。父の目の前に回って「ただいま」と声をかけると、「おー、来たのか」とようやく気付いてテレビを消しました。

「父さん、補聴器は？」

「あれ、聞こえすぎて疲れちゃうんだ。付けたり外したりしているうち、片っぽなくしちゃって……。せっかく買ってもらったのにすまんな。でも、こうやって、お前の顔を見て話せば、まだ結構聞こえるんだ」

笑顔で話す父を見て、日ごろの無沙汰《ぶさた》を「お金で帳消しにしよう」と考えた自分を恥じました。

補聴器はとても便利なものですが、使いこなすには、それなりの「練習」が必要です。慣れるまでつきあう、寄り添う。そういうプロセスこそが、本当の親孝行なんですね。

「話を聞く」のが親孝行

「娘ができる親孝行って何だろう?」。四十代独身、営業畑でバリバリ働く女性が、ある日、神妙な顔でつぶやいたのです。

今年八十歳になる父親が一人で暮らす実家に年に数回しか帰れないことを、負い目に感じる彼女。帰郷するたび、高級防寒コート、肩こり解消グッズ、ライト付き拡大鏡など、シニアに人気のプレゼントをしたそうですが……。
女性「父は『悪いねえ』なんて、うれしそうな顔をするけど、次に行ってみると部屋の隅でホコリをかぶっていて……。親をもっと喜ばすもの、ないかな……」

かつて、私にも同じような経験があります。先に書いた補聴器もそうですし、プレゼントに実家に置いてきた操作の難しいカラオケマイクもその一つでした。ものを買って渡すのは、息子の勝手な自己満足にすぎなかったと後で知りました。そして、「選《え》りすぐりの土産《みやげ》」を渡した時より、「親の話に耳を傾けた時」のほうがうれしそうな顔をしていたことも。

「親の話を聞く」のは意外に難しいものです。親はたいてい、こんな会話を始めます。

「元気にしていたか？」「仕事はどうだ？」「困っていないか？」

働き盛りの世代に入った子どもで、「体調万全、仕事順調、困り事ゼロ」なんて人は皆無《かいむ》でしょう。それでもつい憎まれ口をきいて、親の会話を中断させた自分を悔《く》やむことがあります。

彼女に、「『元気だよ、父さんは？』と話をつなぎ、親の話をしっかり聞くとこそが親孝行だったんだよね」と自分の経験を通して話してみました。偉そうな私のアドバイスを「そうなんだ」と聞いてくれた彼女。神妙だった面持《おもも》ちが、ふっとゆるんで、一瞬明るくなった気がしました。

父を施設に入れる葛藤

親孝行って、難しいですよね。

十年近く前の話です。

父は最愛の母を亡くした後も、われわれを育て上げた神奈川県茅ケ崎《ちがさき》市内の実家に一人で暮らし、九十歳になろうという人生をそれなりに元気に過ごしていました。とはいえ、子どもとしては心配で、二人の姉はしばしば、息子の私は時たま、様子を見に出かけていました。行くと「親の心配より、自分の心配をしろ、おれは全く心配ない」と言って、庭いじりや家の雑務を楽しんでいる様子の父。

ですが、年齢を重ねるにつれ、父の体力も認知能力もだいぶ怪しくなってきています。

特に二〇一一年三月、東日本大震災以降は、認知症が目立つようになりました。「計画停電」の影響で、いきなり家の明かりやテレビやエアコンが切れたり入ったりという事態になり、混乱を来《きた》したことがきっかけだったのかもしれません。

それぞれに家庭を持つ姉たちも私も、四六時中父を完璧《かんぺき》にサポートできるというわけにはいきません。

そんな時、たまたま姉が実家の近所に新設された「グループホーム」を見つけ、われわれ三人で見学に行きました。施設は清潔でケアマネージャーさんやスタッフも素敵な方たちです。

問題は父親でした。

「おれは誰の世話にもなりたくない、この家が一番だ」

それとなく「施設」の話を切り出したのですが、こう言って、けんもほろろでした。

父の気持ちも分かります。しかし、父をこのまま一人にしておくこともできません。

何度もきょうだいで話し合った結果、「震災で傷んだ家を改修するあいだ、知り合いのところに一時的に避難させてもらう」という名目で父を説得しました。

「そうか、家の明かりやらなんやら、修理しないといかんからなあ」

「震災で混乱した記憶」が残っていた父は、思った以上にすんなり納得しました。

入所当初は、私たちがその場を辞するたび、「おいおい、おれも帰るぞ」と言われながら、何とか言い逃れ、「もう一泊」「あと一泊」と「親を騙《だま》すような後ろめたさ」と戦った私たちでしたが、意外にも父はそのホームの居心地の良さになじんで、気が付くとそこを「自分の家」と受け入れるようになります。

結局、九十八歳目前で亡くなるその日まで、スタッフや仲間と、人生の最終章を楽しく過ごしたのでした。

「親を騙した」という「負い目」を感じる一方で、「でもあれが最善だったんだよね」と、今でも、姉たちと墓参りに行くたび、慰《なぐさ》め合ったりしています。

今は「親に恥じない生き方をする」ことが、これから私ができる親孝行だなと思うのです。

こんな人とは、こう話そう②

皮肉ばかり言う人が苦手

「皮肉話」は、聞いていて気分の良いものではありませんよね。皮肉は、「引き下げ心理」から発せられます。「引き下げ心理」とは、相手の弱点を突いて、相手の立場を低め、相対的に自分の優越性を高めることで満足を得る行為。ですから、相手の皮肉にいちいちヘコんだりすると、相手を喜ばせ、かえって皮肉攻撃を増長させてしまう事態に。

対処法としては、皮肉の裏には「劣等感の塊《かたまり》」が隠れていることを頭の片隅に置きつつ、話に取り合わない、いちいち気にしないことです。

とはいっても、もういい加減うんざりだ、という時もあるでしょう。

そんな時は、頃合いを見て会話を切り上げるしかありません。

ポイントは「息継ぎを狙う」です。どんなに多弁で切れ目なく話すような人でも、人間ですから、話の途中で必ず息を吸います。相手が息を吸ったその瞬間を見逃さず、「あー、夫がそろそろ帰ってくるんだ！」とか「そうだ！　お風呂沸かさなきゃ」など、何でも良いので、相手の話の流れとまるで無関係なことを放り込み、話をぶった切る。

これが、一番です。

第3章

信頼を深める振る舞い

1 仕事に役立つ言葉遣い

「初めまして恐怖症」

「初めまして！」が苦手だ、という人がいるものです。私もその一人でした。文化放送に入社し、配属先のアナウンス部はしゃべりのプロばかり。初めてその部屋に顔を出した時の緊張は忘れられません。

ドアを開けるなり、まるで喧嘩《けんか》を売りに行ったような形相《ぎょうそう》で「初めまして！」と大声を上げ、先輩たちを驚《おどろ》かせてしまいました。「おお、君か！」と笑顔で声をかけてくれたのが、みのもんたさん。「もっと楽にしていいのよ」が深夜のアイドル、レモンちゃんこと、落合恵子さんだった、というのを後になって知りました。

考えてみたら、「初めまして」は初対面の相手に向ける一言です。「こんにちは」「先日はお世話になりました」より難易度がぐっと高い挨拶《あいさつ》なのです。相手の人柄や反応がどんなものか予測がつかないまま、場にふさわしい音量とさわやかな笑顔で「初めまして！」など自分には到底無理だ、と落ち込みました。

そんな私にある先輩がこうおっしゃったのです。

「最初の一言は誰でも難しい。毎日の生放送だって、僕は最初の挨拶だけは実際に何度か声を出す。君の部屋に鏡はある？」

「はい！」

「じゃ、それに向かって、いろんな人をイメージしていろんな〈初めまして！〉を言ってみるといい」

アドバイスのおかげか、一年もしないうちに「初めまして恐怖症」は快方に向かいました。挨拶も練習が肝心ですね。

「役不足」と「力不足」では大違い

木々が色づき始める、この季節を迎えると、鈴木さん（仮名）は、若きころの「ほろ苦い体験」を思い出します。

某住宅メーカーの有能な営業マンだった鈴木さんは、三十代後半という若さで営業部次長に抜擢《ばってき》。会社では、十月人事で昇格した社員が社長から辞令を渡された後、社員全員の前で一言挨拶するのが恒例でした。

係長、課長ときて、いよいよ「鈴木次長」の出番。気の利《き》いたことを、と考えてはみたものの、結局、口をついて出たのはこの一言でした。

「このたび、営業部次長を拝命した鈴木です。甚《はなは》だ役不足ですが、頑張ってまいります」

何はともあれ、無事に挨拶できて「ホッ」として周囲を見ると、なんだか気まずい表情。社長の顔も心なしか、ひきつったように見えました。

散会後、同期の一人が声をかけてきました。

同期「役不足を『力不足』という意味で使った？」

鈴木「そうさ。部次長なんて大役は恐れ多いと謙遜《けんそん》したんだ」

同期「逆だよ！　役不足とは、自分の力量に対して役目が不足で軽すぎるという意味。つまり、『部次長じゃ不満だ、せめて部長にしろ』。そう訴えたのも同然なんだぜ」

鈴木「えー!?」

結局、この発言が原因で役職を解かれることもなく、無事に勤め上げ、数年前、定年退職を迎えた鈴木さん。私の連載コラムの愛読者と伺いました。うれしいことです。

ともあれ、言葉の誤用は思わぬ失敗の原因に。日ごろから気を付けていきたいですね。

一文字の違いが印象を変える

訪問先で「コーヒーか紅茶、いかがですか?」と尋《たず》ねられた時、「で」と「が」、どちらを使うかが、あなたの印象を決定づけます。

「コーヒーでいいです」と謙虚に言ったつもりでも、「別にどっちでもいいや」という「素《そ》っ気《け》なさ」が伝わる可能性が高いものです。

「コーヒーがいいです」は、「わがままな人」というより、「うちのコーヒーを期待する素直な人」との強い印象を与えることができます。

「一杯どうですか？」を断る二つの返事、「行きません」と「行けません」。違いは「き」と「け」だけですが、言われた側の印象はまるで違います。

「行きません」は「断固たる拒否宣言」に聞こえます。一方、「き」を「け」にした「行けません」は、ぐっとやさしい表現です。「行きたいが事情があって行けない」という「残念な感じ」が、相手への配慮につながります。

「一文字の違い」で印象が百八十度変わります。「いいですよ」と、「よ」を使われたらどうでしょう？　「許諾を得られてありがたい！」なんて思う人はいません。偉そうな言い方に腹が立ちます。

「よ」を「ね」に代えて「いいですね」は、誘いを素直に喜ぶ気持ちがにじみ出ていますから、声をかけた側も「誘った甲斐《かい》があった」と喜べます。

ほんの一言で、会話の印象は、がらりと変わるものなのです。

ありがとうVSすみません

「今日は私のおごりだ」

上司の言葉に思わず「すいません！」と答え、たしなめられたことがあります。「謝る必要なんかない、ありがとうって、軽く言ってくれたほうがうれしいよ」

冗談めかした言葉の中にも、世間知らずな若者を正しく導こうという年長者の「愛」を感じたものです。

感謝する場面で謝罪の言葉「すみません（すいません）」は、「日本語の意味として間違いだ」――そう言い切る人もいますが、ちょっと疑問です。

国語辞典には「すみません」を謝罪だけでなく、感謝も伝えると記すものが少なくないからです。

意味ではなく感覚として、感謝を表すには「すみません」より「ありがとう」が断然ふさわしい気がするのです。

なぜ？　私の結論はこうです。

「ありがとう」の「あ」は口を一番大きく開けて発する母音。「あ」で始めれば、自然と声も表情も明るくなって「喜び・感謝」の気持ちがストレートに伝わるのでは……。

「すみません」の「す」は、口を一番すぼめる「う」が母音。口をとがらせた不満げな顔から絞り出される、のどを詰まらせた声は、感謝の表現にはいかがなものか。

したがって、感謝の言葉は「す・みません」より「あ・りがとう」をお勧めします。

もう一つ付け加えると、「すいません」は「すみません」の「俗な言い方」です。本来の言い方「すみません」は「すまない」と、話す相手に「謝罪・感謝・依頼」

を伝える時の「丁寧語《ていねいご》＝敬語の一つ」です。せめて「すみません」であればまだ「丁寧な印象」を与えますが、「すいません」では「ぞんざいな言い方だなあ」と思われかねません。

「ありがとうございます」の前に「すみません」を添えると、さらに感謝の度合いが増すかもしれません。同意いただけますでしょうか？　……すみません、ありがとうございます！

「そうなんですね」は頭ごなし⁉

小さな会社を経営している六十代半ばの友人が嘆いていました。

「若い連中に何を話しかけても、答えは決まって『そうなんですね』。あれ、話しかけるなというサインなの？」
たとえば、こんなケース。
上司「向かいの銀杏《いちょう》の葉っぱ、ほら、色づいてきたね」
部下「そうなんですね」
無表情な、その言い方が「そんなこと、どうでもいいじゃないですか」と頭ごなしに言われた気分だというのです。
私「じゃ、どういう返答がのぞましいの？」
彼「語尾を『か？』に変えるだけで全然違う。『そうなんですか!?』と、あたかも驚きや問いかけるように返してくれれば、話し手の発見に感動した気分が伝わって、うれしいじゃない？」
中高年には、「そうなんですね」より「そうなんですか？　あ、本当だ！　もう秋だったんですねえ」と話をつなげる部下のほうに好感を持つ人が多い気がしました。

なぜでしょうか？　それは年を重ねるにつれ、人と人は言葉を重ね合い、興味や関心を分かち合い、話題を広げ合って、互いの関係性を近づけることの大切さに気付いていくからかもしれません。

共感を示す便利な言葉「そうなんですね」を、たまには「そうなんですか？」と相手への問いかけにして会話をつないでみる。たったこれだけ。より実りあるコミュニケーションを築きたいものです。

年上部下に悩む新米上司

友人が経営する番組制作会社が、八年ぶりに新入社員を採用した時のこと。「新人くん」は、地方の広告代理店からの転職者で三十一歳。その「教育係」

を命じられたのが二十九歳のディレクター兼総務担当。彼は会社の最年少者で、新人教育はおろか、部下を持つのも初めてです。「年齢やキャリアなんかで遠慮するな。上司として彼を育てることで、君自身が成長するのを期待している！」と社長に励まされたものの、「新米上司」として戸惑うことばかりでした。

元広告マンは業界の素人とはいえません。年上の「後輩」をどう呼ぶか？　敬語を使ったほうがいいのか？　初歩的な細かいことを注意すれば、「上司面《づら》した、うっとうしいやつ」と嫌われるのではないか？

上司経験のない彼は、腫《は》れ物に触るように部下に接してしまいました。一方、適切な指示、指導を受けられない部下はいつまでたっても職場に居場所が見つかりません。

年上の部下、年下の上司の「ギクシャク感」、これではお互いに損です。どうすれば良いのでしょうか。

そもそも「年上が、先輩面して偉そうにできる」「後輩は先輩に過剰に気を使う」というのは学生時代のクラブ活動ぐらいなもの。現実社会に出れば、できの良い後輩がトントン出世して先輩社員の上司になる、なんてことはざらにあります。職場での役割、立場は「年齢の上、下」とは直結しません。

ですから、「年下の部下に指示されたから悔しい」とか「年上の部下に指示したらメンツをつぶすのではないか?」と「気を使いすぎる」のは「年上部下」「年下上司」双方にとってデメリットしかないことを、先の二十九歳「新米上司」はまず肝に銘じる必要があるでしょう。

同様に、三十一歳転職者が「年下でキャリアの浅い上司」をばかにしたり、年長者に見合った仕事をさせるべきだ、などとぼやくのも筋違いですね。

一方で、ここが大事なポイントですが、「年少者は年長者を敬《うやま》い、年長者は年少者を慈《いつく》しむ精神=長幼《ちょうよう》の序《じょ》」を軽んじる人は、少なくともわが国では嫌われることも、知っておいてほしいのです。

「役職」という言葉の「役」とは役割のこと。「役職が上」とは「人として上」ということではなく、「ある目的を果たす上の役割において、より強い決定権を持つ」というだけのことです。

ですから年下上司が、年上部下に対して「君《きみ》」とか「お前」とか「相手を軽んじた呼称」を用いることなどあってはなりません。「名前＋さん」が基本と考えましょう。

職務を指示することをためらってはなりませんが、「～するように！」という命令口調ではなく、「～をお願いできますか？」と依頼の形で「相手のメンツをつぶさないような配慮」も当然必要です。

「余計な気遣《づか》いは、逆に相手の負担になる。自分が保身に走ったら、相手にも会社にもいいことは何もない。言うべきことは上手に言おう」。このように、必要以上に「上」「下」にこだわらず、双方が十二分に役割を果たすことが求められています。

2 豊かな人間関係を築くために

友人と、その友人を交えた会話

「久しぶりに飲もう」と連絡があったので出かけていったら、友人が自分の知らない人物を紹介してくれました。

「田舎《いなか》の高校時代の悪友A君。休みが取れて東京見物したいって言うから連れてきたんだ」

こういう「初対面の人を交えた会話」に戸惑う場面、ありますよね。さて、「知り合いの知り合い」と、何をどう話せばいいのか？

結論からいえば、「自分が話して場を盛り上げなければ」など、不遜《ふそん》なことは一切考えないことです。

「自分がどう見られているか？」という自意識は、全て捨て去り、相手の意識に集中し、彼の声に耳を澄ましてみてください。

不慣れな場所に来た彼には、見えるもの全てが好奇心の対象。「あれ何？」と口に出さずとも、目を見ていれば、どこに関心を向けているかが分かります。はるかに見える高層ビル群の明かりなのか、今いる居酒屋のメニューに記された、地元では目にしない一品なのか。そういう〝心の問い〟を聞き、気配で読み取ったら、さりげない共感の言葉を添えてみましょう。「あの明かりを見ると、私もホッとするんです」とか、「このつまみ、あまり見ませんよね？」。「あなたと一緒」という共感のメッセージを交《か》わし合う。「初対面の相手の居心地の良さ」を最優先に振る舞うあなたに、彼も、彼を紹介した友人も心から感謝するはずです。

「この後軽く一杯」は当たり前ではない

「お酒は会話の潤滑油《じゅんかつゆ》」「飲みニケーション」という言葉もあるぐらいです。お酒はコミュニケーション促進のツールとして有効でしょう。ただ、決して万能ではありません。

職場の上司が、部下を励まそうと、「じゃあ、この後軽く一杯行くか?」と気軽に誘う場面。テレビドラマ等で見たことがあるかと思いますが、これ、バスや地下鉄網が張り巡らされた一部の都会を除くと、結構ハードルが高いんですね。

そう感じたのは、ある友人と飲み交わしていた時。彼は、東京から転職して地方のＩＴ関連の企業に勤務。十人ほどの部下を抱える部署の責任者ですが、仕事をしくじったり、悩みを抱える部下に「じゃあ今晩あたりおれに一杯つきあうか？」が言えないのがつらいと言っていました。どういうことか？

梶原「君は『飲みニケーション』の名人じゃないか。仕事場では鬼のようでも、飲み屋では仏になるといって、上手に部下の悩みを聞き出して、人望を集めていた。今度の会社でも、それでいけばいいじゃない？」

友人「酒はダメなんだよ！　おれもここに来てからは家から車通勤。電車もバスも、限られたところにしか行かないから毎日の通勤には無理。ここでは全員自分で車を運転して会社に来る。『帰りに軽く一杯』やったら、飲酒運転になっちゃう。代行（運転代行サービス）といっても手間と時間がかかって大げさになる。思いついたように『じゃあちょっと一杯行くか』という雰囲気で誘うことができないんだ」

梶原「そうか……。電車を乗り継げば、たいていどこでも行ける東京とは違うよね」
友人「それで上司に聞いたんだ。部下とちょっと一杯やる時はどうすればいいのかって」
梶原「どうするの？」
友人「自分の車に部下を乗せ、自分の家まで連れていって、家で飲ませる。その夜は泊まらせて翌日、自分の車で一緒に出社すればいいって」
梶原「ちょっと軽く一杯、じゃないねえ」
友人「少なくとも半日以上一緒にいることになる。部下だって、そこまで拘束されたくないよなあ……」
「飲みニケーション」は意外と難しいという現実を知りました。

最近の喫煙事情

最近、「アイコス」など加熱式タバコを吸っている方をよく見かけるようになりました。ライターなどで火をつける必要がなく、においや煙も軽減されていて人気だとか。同時に、公共の場でタバコを吸える場所も、ずいぶんと減った印象があります。

「最近は『ちょっと火いいですか』といった〝タバコミュニケーション〟も減りましたね。喫煙者はもはや社会のマイノリティー（少数派）ですよ」

こう喫煙者の知り合いがぼやいていました。

私自身生まれてこの方、タバコを吸ったことがないので、実際のところは分からないのですが、話を聞いていると、「人間関係」という点においては、「タバコ」は意外な効果を発揮するようです。
なんでも、喫煙室での会話は、互いに「禁煙できない弱みを持った人同士」が、「追い込まれた喫煙者同士」の強い連帯感で結ばれ、役職の上下に関係なく、自由なひとときと会話を楽しんでいるのだそうです。
喫煙者A「さっきの部長の提案、ぶっちゃけ、課長、どう思います」
喫煙者B「ありゃあ、ああ言わざるをえない建前だね、部長も苦しい立場だと思うよ」
喫煙者C「なんだ、やっぱそうか、じゃ、実際にはあの事業は再開するんですね」
喫煙者B「まあ、ここだけの話、そういうことだ」
なんて、本音満載の熱いコミュニケーションが繰り広げられているらしい。
今の時代、喫煙者という「肩身の狭いもの同士」という共通項があるから、会話も盛り上がるのでしょう。体のことを考えれば禁煙するに越したことはありませんが、こうした場は貴重かもしれません。

タバコに限らず、「お酒好き同士」「カラオケ好き同士」など、相手との共通項が見つかると、距離もぐっと縮まりますよね。仲良くなりたい人との「共通項探し」が、役に立ちそうです。

客をがっかりさせない機転

旅行の添乗員をやっている年配の女性から、こんな話を聞きました。

彼女は、旅の終わり、お客さまとお別れする時、「良かったですねえ」と、笑顔で声かけすることを生きがいに仕事を続けているのだそうです。

当たり前のような気もしますが、その裏には大変な苦労がありました。

彼女は、自分が担当するツアー客の名前は事前に全て空で言えるまで覚えておきます。私も十人くらいなら何とかなりそうですが、彼女はたとえ三十人のグループでも、フルネームとともに、年齢や家族構成なども頭に入れ、ごく自然に「名前でお呼びするんです」と。旅の前に、リストを見ながら、声を出して暗記に努めていると聞き、頭が下がりました。何度か会ったことがあっても、「田中か、中田だったか……」とあいまいなままにしてしまう私とはえらい違いです。「名前を覚える」という努力は、おもてなしの第一歩だと心得ました。

こんな話もしてくれました。ある年の四月早々に実施された「桜満開、ほんわか京都」と銘打ったツアー。客が「春の穏やかな陽気」を期待するのは当然です。ところが、実際には真冬のような冷たい北風ヒューヒュー、なんてことも……。

だからといって、お客さまをがっかりさせるわけにはいきません。彼女は、そんな時のために機転を利かせて「保険」をかけていたのです。

通常に案内する桜スポットから、なじみの饅頭《まんじゅう》屋さんに参加者を移動させます。

せいろから勢いよく上がる蒸気で暖まった室内。ガラス越しに見る桜吹雪《ふぶき》が意外にも古都京都らしい絶景でした。

彼女「あ！　ベンガラ格子の民家の手前、競い合うように舞う花吹雪が見えますね」

客「私たち、運が良かったわねえ‼」

別れ際、彼女は「旅はいかがでした？」とは言いません。「あなたのおかげで良かった」と無理やり言わせるようで、気が引けるからだそうです。

見送った後、お客さまに「良かったですね」と声かけできた幸せをかみ締める。プロだなあ。

他人への声かけ、呼称は感じ良く

ある年の四月、知り合いの娘さんが大手スーパーの衣料品部門で働き始めました。感想を聞いたら、来店者に生まれて初めて「お客さま」と声をかける時、とても緊張したそうです。

「声かけ」といえば、私はある場所で「そういう呼び方があるんだ！」と、新鮮な驚きを感じたことがありました。

車を運転し、曲がりくねった道を抜け「ああ、ここか！」と、ようやく自分が知っている広い道路に出て、左に曲がろうとしたところで声をかけられたのです。

「運転手さーん！」

車を停め、周りを見ても、私の車以外はありません。「?」と思ったら、白いヘルメットのお巡りさんが近づいてきました。「運転手さん」が私のことだと気付くまで、数秒かかりました。

私はプロのドライバーではありませんが、「車を運転する人」という意味では「運転手さん」に違いはありません。「旦那さん」「お客さま」はもっと変です。考えてみたら、「運転手さん」とは実に見事な声かけです。「ここ、一時停止なんですよ。道路標識ありますよね。運転手さん、危ないですから気を付けてくださいね」

とても感じの良いお巡りさんでした。だからといって、見逃してくれた、なんてことはありません。反則切符をしっかり切られながら、「工夫しているんだなあ」と変に感心してしまいました。

3　伝える力を磨こう

伝わりやすい話し方とは？

「伝わりやすい話し方」とは何でしょうか？　「気持ちをしっかり込めて……」は観念的すぎて、実際はほぼ何も伝わりません。

「正解発表」の前に、「伝わりやすい！」と、思わず声を上げた例を二つ紹介しましょう。

【例1】ジョギング愛好家で、元東京都知事の猪瀬《いのせ》直樹さんが「腕の振り方を教えてほしい」と尋ねた時の、元五輪陸上競技日本代表・為末大《ためすえだい》さんの答えです。

「腰の左右にくくり付けた太鼓《たいこ》を、左右の肘《ひじ》でたたたくイメージで」

猪瀬さんの頭の中には、リアルな映像が即座に浮かんだそうで、後に「おかげで、フルマラソンが思った以上のタイムで完走できました！」と。

「力を抜いて気持ちよく……」などと「精神論」を言われても、「どんな格好で？」があいまいです。為末さんの「太鼓と肘」で、私にもくっきり絵が見えました！

【例２】健康増進に役立つウオーキングはダラダラ歩くのではなく、「時々、速度を増したほうがいい」と言われます。某テレビの健康番組でゲストが「速度を増すって、どのくらい？」と尋ねました。

問われた医師の答えがこれです。

「歌は歌えないが、会話ならギリギリ交わせる速度」

手に取るようにイメージが浮かんできませんか？

「伝わりやすい」の正解は、「聞き手の脳が、瞬時に具体的な映像を再現できる言葉を選べ」でした。

「伝わらない会話」誰のせい？

「例の資料出してくれる？」

「課長、先日飲み屋で資料作りは得意だとか、おっしゃいましたよね」

「得意さ！　だからおれみたいに、君がきっちりやれって言ったんだ」

「そういう意味だったんですか……」

「作っていない？　間に合わないぞ！　どうすんだ!?」

「伝わらない会話」の責任は話し手・聞き手の両者にありました。

資料作りを「伝えたつもり」の上司は、部下の「状況・理解度」を見極めながら話す必要があったのです。そもそも、大事な話を飲み屋で「ついでのように」話したのが間違いの元でした。

また、「資料作りの重要さ」を熱く語れば語るほど、部下は「難しそうだ」と不安がったり、「しつこいな」とうんざりしていたかもしれません。部下の「上の空な態度やしぐさ」「気を使って問い返せない弱い立場」に気が付いていれば、誤解は防げたかもしれないのです。

「伝える言葉」以上に、「伝え方」は「伝わり方」に強く影響するもの。一方、部下も、課長のキャラクターや「お酒でご機嫌な状況」を察知し、「仕事の依頼かも？」と思ったら、ひるむことなく「誰が、いつまでに」と確認しておくべきでした。それが責任ある社会人の基本です。

翌朝、課長の席に行き、前夜の礼を述べ、さりげなく「ダメ押しの確認」をするぐらいの部下は出世間違いなし、です。

道案内は会話力に通じる!?

初めての訪問先に向かった時のこと。メールに添付された「イラスト地図」がおしゃれすぎて、なかなかたどり着けず、たまらずAさんに電話しました。

Aさん「駅を降りましたか？　じゃ、そのまま少し真っすぐ進んで、コンビニとか美容室とか喫茶店があるあたりをちょっと行った先の、白っぽいビルの二階でーす！」

結局、電話でやりとりしながら、ぐるぐる歩き回り、最終的には、親切なAさんが駅まで迎えに来てくれました。

察しの悪い私のことはさておき、Aさんの「道案内」の問題点を挙げると、この三つでした。

一つ目。私のいる場所の確認をせず、目的地に到達する、おおよその距離や時間など「全体の見通し」を伝えていないこと（駅の降り口は三つ、真っすぐ行く道も、下道、上の歩道橋と二つあった。目的地まで徒歩五分弱と至近だった）。

二つ目。目印とすべき店や建物の名称や特徴を具体的に述べない（コンビニも美容室も喫茶店も多数存在。周囲は白っぽいビルだらけだった）。

三つ目。「少し」「あたりを」とのあいまいな表現の連発に不安を覚えた。

というわけで「道案内」とは、「自分には当たり前すぎることを知らない人の立場に立ち、相手の脳に上手に〝絵〟を描く行為」だと知りました。つまり「道案内」は、会話力そのもの。〝絵〟を読む力に欠けていた私も猛省です。

「笑顔」の電話応対で好感度アップ

私の友人と上司との会話。
上司「奥さん、素敵な人だね」
友人「カミさんに会ったことありましたっけ？」
上司「携帯に電話してもつながらないから、お宅に電話を入れたら奥さんが出て……」
友人「でも、交わした言葉なんて二言三言ですよね」
上司「いやいや、明るい人柄、元気な様子が伝わってきた。君は幸せ者だ！」
人をほめることの少ない上司が、十秒ほど電話で話した奥さんのことを高く評価したのが意外だったそうです。

電話では、相手の姿形が見えないからこそ、人は声から相手の表情や性格まで全てを読み取ろうとします。

テレビの通販番組で見た健康食品に興味が湧いて、問い合わせの電話を入れたら、相手が、どよーんとした暗い声で出てきた。これでは、買う気は一気にうせますよね。

日本を代表する某ホテルの予約受付オペレーターが、電話の脇に、ハガキより小さいサイズの鏡を置いて、自分のとびっきりな笑顔を確認しながらお客さまに対応する、という話は有名です。

「こんな楽しそうに、明るく説明してくれるホテルは、ぜひ利用したい！」。設備やサービスはもちろんですが、「笑顔の対応」が営業成績に貢献していることは間違いなさそうです。

「相手に見えるわけじゃない」と、ぶすっとした顔で話したら、どんなに美辞《びじ》麗句《れいく》を連ねても好感度は伝わりません。

「いきなり電話」は失礼!?

かつて『遅刻をメールで伝えるバカ』（廣済堂新書）という本を出したことがあります。

私の常識では、「大事な会議や会合に遅刻する」という「とんでもない事態」は、まず何よりも「速やかに直接、担当者に電話で伝える」が正解でした。メールで「遅刻します」と書く暇があったら、まず即座に電話して、生の声で直接謝罪し、その後の対処について指示を仰ぐというのが、ビジネスマンのイロハのイだったからです。

ところが、現在、そもそも「直接電話する行為」は、相手の領域に土足で踏み込む行為と同じぐらい「不躾《ぶしつけ》で失礼」との「常識」が世間でまかり通っているらしい。

世間の流れに逆らいきれず、私は仕事先に電話する時は、あらかじめメール、ないしは携帯電話のメッセージ機能を使って、「この後お電話させていただきたいのですが、どの時間がご都合良いでしょうか？」と尋ね、返信で「この時間に」という答えを得てから電話することにしています。

「この時間に」と返信があるのはまだ「良いほう」で、若い世代の方から「電話ではなくＳＮＳ（主としてＬＩＮＥ）でお願いします」と言われてびっくりしました。

最近の若い人にとって、「人間の生声」は「暴力的・威圧的」で「緊張するからやめてくれ」ということなのでしょうか……。

仕事以外でも、彼らはスマホで電話するのは、ごく仲の良い友人、または恋人同士ぐらいで、それ以外は全部、テキスト（文字）の交換で済ませる様子。

「そのほうが、履歴《りれき》が残り、言った言わないの争いが避けられる」とも言うのです。

そうしたメリットも分からないわけではないのですが、私のような「電話全盛時代」を生きてきた側からすれば、どうも腑《ふ》に落ちません。

お互いの生の声から、相手の気持ちを感じ取り、押したり引いたりすることで関係を深める作業は、必要不可欠だと思うのですが……。「なんだかなあ」という気持ちになります。

こんな人とは、こう話そう③

押しが強い人からのお誘いが断れない

ビジネスでの交渉などでは「押し引きの按配《あんばい》」が大切でしょうが、日常のたわいもない会話の場面で「ひたすら押しが強い」というのはあまり感じが良くありませんね。

あなたが「この人は押しが強いな」と感じたということは、あなたのアンテナがネガティブに反応しているということ。そんな自分の感性を信じて、困りそうな場面では早めの対応をお勧めします。

人間関係を壊したくないなどと思うかもしれませんが、押しの強い人ほど、断られることにも慣れているものです。「あけすけに断る」ことで「相手が傷つく」なんてことはない、そう思って、勇気を出して断りましょう。「上手に断ろう」などと「邪心」を持たずに、下手でも、不器用でも構いません。きっぱり！　断ることです。

世間では「振り込め詐欺《さぎ》」や怪しい商材の販売など、危ない勧誘もたくさんあります。何か変だな、嫌《いや》だなと感じたら、毅然《きぜん》と対応することも必要。日常会話において、気の乗らないお誘いをはっきりと断る――これがいざという時の訓練になる、かもしれません。

第4章

会話力向上のコツ

1　言葉の意味を知る

「お疲れさまです」多用に注意

話し始めや、メール冒頭に、唐突な感じで「お疲れさまです」を使う人がいます。

昼夜問わず「お疲れさまです」は、芸能界が発祥といわれています。「おはよう、こんにちは、こんばんは」と使い分ける必要がなく、丁寧《ていねい》語に「です」が入っているから「敬語っぽい」となり、疲れていようといまいと、「常套句《じょうとうく》」として使われています。

でも、気になる私は「今日は調子がいいな、と感じる朝に、いきなり『お疲れさまです』と言われるとガックリくる！」と、口を滑らしたら、スタッフに突っ込まれました。「人に会ったらまずは、お疲れさまですと言葉を発する。これでお互い気持ち良くなれる。日本の常識です！」。教え諭《さと》すように言われ、反論できず悔しい思いをしました。

ところが、先日、ある雑誌で興味深い数字を発見。会話の冒頭で「お疲れさまです」を使うか？　使わないか？　男女世代別に聞いた結果、四十九歳以下の男女で七割以上が「使う」と回答。「軽い挨拶《あいさつ》代わり」の「お疲れさまです」を支持しています。

一方、五十歳以上の中高年で「使う」と答えた人は、四～五割にとどまっています。

「お疲れさま」は「単なる儀礼的な挨拶」ではない。本当に頑張った人、苦労をかけた人、疲れた人への真摯《しんし》な言葉かけなのです。何も考えずに常套句を多用すると、楽しい会話も乏《とぼ》しくなりがちに。どうかご注意を！

「大丈夫」という〝万能語〟

「ご注文、以上で大丈夫ですか？」

コンビニでドーナツと栄養ドリンクを購入し、代金を払おうとした時、店員さんに言われました。

「野菜サラダなど追加注文しなくていいんですか？」

バイト君が私の健康を心配してくれていた、わけではありません。「大丈夫ですか？」は注文確認の合図にすぎないのです。

「大丈夫ですか？」は、もともと「不安や懸念《けねん》」を問いただす「重い言葉」でした。体調は？　生活は？　旅行の日の天気は？　など、「問題が起きたら困る場面」で使われたものです。

ところが今、別の「大丈夫ですか？」が飛び交《か》っています。

「コーヒーのおかわり、大丈夫ですか？」「お名前、こちらに大丈夫ですか？」「お会計、大丈夫ですか？」

それぞれ意味するところは以下のとおり。

「おかわりいかがですか？」「名前書いていただけますか？」「閉店の時間ですので精算お願いできますか？」

客に失礼にならないように勧めたり、確認したり、お願いしたりする時の「敬意表現」として、「大丈夫ですか」を使っています。

「大丈夫」という〝万能語〟はさらに進化。「いりません、嫌《いや》です、結構です」の代わりの「大丈夫」です。「お勧め」「確認」「お願い」を「やんわり断る場面」

でも大活躍です。

「さん」を辞書で引いてみると……

暇な時、私がお勧めしているのが、何でもない言葉を辞書で調べることです。

たとえば、「さん」を辞書でチェックしてみました。

「（人を表す言葉などの後に付けて）尊敬の気持ちを添える。例：高橋さん・患者さん」

当たり前ですかね？　先に進みましょう。

「（他社を指して）○○銀行さん」。組織に「さん」付けする例が記されています。

一昔前、営業マンがよく「トヨタさん、好調ですね？」「いやいや、うちは日産さんほどじゃ……」と社名に「さん」付けしていました。

テレビの街頭アンケートでなじみの喫茶店を聞かれ、「スタバさんです」と学生さんが答えて驚《おどろ》いたものですが、辞書に載るほどの勢いなんですね。さらに、こんな記述。

「息子さん・女優さんなど、『さま』の付かない言葉にも使える」

たしかに、息子さま・女優さまは変です。納得です。

「(動物・食べ物などの名前に付けて)親しみの気持ちを表す言葉。例：ぞうさん・おさるさん」

関東育ちの私には、西に旅をした時に聞いた「お豆さん」「おかゆさん」という温かな響きがよみがえります。

そして、「(「お」「ご」と一緒に使って)丁寧で親しみのこもった気持ちを表す挨拶言葉。例：ご苦労さん・おつかれさん」。

「さん」だけでも、会話が和《なご》んできそうです。

「狩り」を国語辞典で引く

先日、テレビで「もみじ狩りツアー」の特集を放送していました。

「狩り」といっても「もみじ狩り」は、いちご狩り、キノコ狩り、潮干狩りと異なり、収穫して、後でおいしく味わうという実利はない。

美しく色づく山の風情《ふぜい》を、ひたすら、愛《め》でて味わう「みやびな遊び」だと、今なら理解できます。ところが、新人アナウンサー時代の私にそういう発想は皆無《かいむ》でした。

私「もみじじゃ、せいぜい天ぷらですよね。同じ狩りでも、鹿やイノシシなら鍋にできますし……」

先輩「君は縄文人か？」

「言葉のプロ」として「あるまじき発言」に周囲は、あきれ果てた様子です。

「何がいけなかったんだろう……」

下宿に帰り、あらためて「狩り」を国語辞典でチェックした私は、深く反省させられました。

そこには「鳥獣を捕獲したり、果実などを採取し、味わい楽しむ」に加え、「目的のものを探し求めながら、大自然の中に身を置くこと。例：さくら狩り・もみじ狩り」とありました。

「一つの言葉にいろんな意味があるんだ……」「辞書ってすごい！」

以来、辞書は私の愛読書となったのでした。

ちなみに、最近の辞書には「気に入らない相手などに集団で危害を与えること。例：おやじ狩り」という記述も見つかります。

「てい字路」か「ティー字路」か？

「恥ずかしい体験」を告白します。

皆さんは、道の突き当たりが左右に分かれた場所を、何と呼びますか？

（1）てい字路

（2）ティー字路

私は長らく「（2）に決まっている！」と確信していました。

見た目がアルファベットのT《ティー》の字ですから、カタカナで「ティー」に違いないと……。

（1）で発音する先輩方を「ディズニーランドを、デズニーランドとおっしゃる、横文字の苦手な世代だから仕方がない……」と、「見当違いな優越感」さえ抱いていました。

おばかな私は、ある日、辞書・事典を見てびっくりです。

そこにはおおむね、こう書かれていました。

「てい字路・丁《てい》字路。道の形が甲乙丙《こうおつへい》丁の丁の字をしていることに由来。現在も正式な法律用語は丁字路。近年はアルファベットのTの字に似ていることからT字路も使う」

説明によれば、「本命」は（1）の「丁字路」です。T字路は、Tシャツが一般的になって以降の「歴史が浅い言い方」だったんですね。

産前産後や手術後などに用いられる、一端にひもを付け、腹部に回して留める包帯のことも、「丁字帯」と呼ばれているようです。

最近、T字路、T字帯と「ティー」と呼ぶ人のほうが増えてきたとはいえ、誠にお粗末だったと、反省しきりです。

時代が変われば言葉も変わる

知らないうちに「あれ？　今はそうなっているの？」と、自分の常識が通用しなくなっていることに驚くこと、ありませんか。

「お父さんは外で働き、お母さんは家で子育てや家事をする」。こうした「昭和的なサラリーマン家庭」も最近は当たり前ではなくなってきているようです。

今は「共働き」世帯が増えています。ところでこの「共働き」という言葉、もともとは「共稼ぎ」と呼んでいました。

「共働き」は、「夫婦共に、一緒に、稼ぐ」という意味ですが、「金を稼ぐ」という語感を嫌う人たちが増えたためか、同じ意味を「共働き」という言葉に代えることが一般化して今に至るようです。

この「共働き」の普及に対応する形で言われ始めたのが、「片働き」です。「片働き」とは、夫婦どちらかが外へ出て働き生計を立てること。「夫は仕事、妻は家庭」というこれまで当然だった家族の形は、「片働き」家庭ということになります。

非正規雇用が増え所得が減った現代では「片働き」で家計を維持するのは難しくなり、共働き家庭が増え続けているのでしょう。そのため、「共働き」を前提に、男性が育児休暇を取りやすくしようとか、保育所増設、学童保育の充実などが世の中で求められているのです。

今や「うちは共働きではない」と言うと、「片働き＝優雅《ゆうが》な、特別な暮らし」「働いている夫（妻）の稼ぎが良いことを自慢している」と捉えられかねないご時世。「良いご身分だこと……」と焼きもちを焼かれないよう配慮が必要かもしれませんね。

「流行語大賞」と伝統的な言葉

毎年年末に発表される「流行語大賞」。その年を象徴する言葉が選ばれて話題になります。私は、候補リストに「なじみのない言葉」を見つけると、「自分は時代に取り残されてしまったか……」と焦る気持ちがありました。

たとえば、二〇一八年にノミネートされた「TikTok」「翔タイム」「筋肉は裏切らない」なんて、何のことだかまるで見当も付きませんでした。トップテンに入った「eスポーツ」さえ、「何それ?」という状態。

これはマズいと「過去三十年の流行語大賞」でノミネートされた言葉を振り返ってみて、かえって安心しました。

かつての大賞候補だった「紺ブレ」「ノリサメ」「中二階」「DA・YO・NE」

はすでに記憶の彼方《かなた》。ちょっと前の「壁ドン」（二〇一四年）だって、「そんな丼物、そば屋の品書きにあったっけ？」くらいのもの。壁ドンの年の大賞を受賞した「ダメよ〜ダメダメ」も、もはや相当使いにくい言葉です。

「流行語」を辞書で見れば、「ある時期、興味を持たれ、盛んに使われる言葉」とありました。その「ある時期」の期間が、近年ますます短くなっています。

「今年の流行語」といっても、発表された瞬間から、「もはや、流行語ではなくなる」という定めすら感じますね。

私のような中高年は「流行語」に惑わされず、「師走《しわす》は気ぜわしい」や「今年の冬紅葉は格別だ」「冬将軍の到来」といった、古びない「伝統的な言葉」を大事に会話したいものだと感じました。

四文字熟語の取り扱いに注意

二〇一七年を迎えた時、にわかに使用頻度《ひんど》が増えた四文字熟語が「鶏口牛後《けいこうぎゅうご》」だったそうです。

一七年は〝とり年〟ですもの。思わず使いたくなる気持ち、分かります。

「牛の後（おしり）」＝大きなものの下っ端《ぱ》でいるより、「鶏《にわとり》の口」＝小さくてもいいから、そのかしらをめざしたほうがいい、という感じですね。

「良い学校に行って、大きな会社に就職しなさい」などとむちゃなことを言われて育った子どもにとっては、「有名校、一流会社でなくてもいいんだ……」と、ホッとできる一言かもしれません。

ある就職あっせんサイトで、この四文字熟語を見つけました。

「三十五歳を超えたら『鶏口牛後な転職』がオススメ！」

新卒とは違う、別のプレッシャーを感じる三十代半ばの転職者の不安にしみる、なかなかなキャッチフレーズです。「大手や一流をめざすのではなく、身の丈《たけ》に合った場所でこそ、あなたの力が生かされる」との応援メッセージが聞こえてきます。

しかし、転職者に心地良い言葉が、採用側に心地良いとは限りません。面接で志望動機を尋《たず》ねられた時、この言葉を口にしたら、どうなるか。

試験官「鶏口牛後？」

受験生「はい！　大手や一流じゃない、僕には、小さな名もない会社で十分なんです」

試験官「小さくて二流で、悪かったな！（怒）」

ということで、四文字熟語は使用上の注意が必要です。

2 人を励ますことの難しさ

不幸に見舞われた相手への声かけ

災害や病気、さまざまな不幸に見舞われた方への「声かけ」は難しいものです。「話し方辞典」のような本では「お勧めフレーズ」として、「とんだ災難でしたね」「ご心痛のほどお察しいたします」を挙げています。こんな〝型通りの言葉〟で相手の苦しみが癒《い》えるものでしょうか？

阪神・淡路大震災当時、噓《うそ》みたいな噂《うわさ》がありました。現地に入ったカウンセラーが、倒壊家屋を前に呆然《ぼうぜん》とする人に「何か心のお悩みはありませんか？」と声をかけ、ひんしゅくを買ったというのです。

未曽有《みぞう》の震災を機に、「心のケア」が盛んに言われ始めたのがこのころです。しかし、電気もガスも止まったまま。真冬の寒さに震える被災者が「心のお悩み」の前に、「どうやって暖を取るか？」という具体的な問題解決を優先したいと考えるのは当然でした。

実際には、多くのボランティアが「お手伝いできることは、ありますか？」「毛布とカイロをお持ちしました」と被災者のお宅に声をかけて回っていました。「とんだ災難でしたねえ」「ご心痛のほどお察しいたします」。こんな「他人事《ひとごと》な言葉かけ」は、非常時にはまるで役に立ちません。

家族の突然の入院で、うろたえる友には「早く良くなるといいわねえ」より、「ご飯の支度は私に任せてくれる？」など、具体的な援助の一言が何よりの慰《なぐさ》めになるものです。

「頑張ってください」で落ち込む!?

健康食品会社で電話オペレーターをする女性の「若き日の失敗談」を聞き、「他人事じゃないぞ」と自らを戒《いまし》めました。

ある日、彼女の説明に納得したお客さまが、商品購入を決め、手続きも順調に進んだのだそうです。ところが電話を切る直前、彼女が口にした「頑張ってください!」で、お客さまのトーンが急に落ち込みました。

彼女「お客さま? 大丈夫ですか?」

客「……大丈夫じゃありません。この十年以上、難病と闘い、今日まで必死に頑張ってきました。これ以上、私は、何をどう頑張ればいいのでしょう……」

誠心誠意のお詫《わ》びが通じ、最後は「気にしないでくださいね」と、無事契約が成立したそうですが、以来、彼女は「頑張ってください」を無頓着《むとんちゃく》に使うことをやめたのだそうです。

別れ際の決まり文句として便利な「頑張ってくださいね」。実はこれ、意外にも、場面や相手を選ぶ、難易度の高い日本語の一つなのです。「その道を究めようと研鑽《けんさん》や努力を続ける人」「困難を克服するために日々頑張る人」

こうした「すでに頑張っている人」に対して、安易な「頑張って」の追い打ちは逆効果になることも。

普段であれば、「頑張ってください」と言われて、「ありがとう！　あなたもね」と笑顔で返してくれる人だって、そういう心境になれないこともあるものです。

「頑張れ」の使い方

「頑張ってください」が〝要注意〟という話の続きです。

拙著『不適切な日本語』(新潮新書)を書いている時に調べたことですが、日本新聞協会発行の『放送で気になる言葉2011』によると、「違和感のある表現」として、三つの「頑張ってください」が〝標的〟にされています。

その一。目下から目上へは使わない。

息子が親に、生徒が先生に、「頑張れ」。そりゃあ変ですものね。

かつて〝毒舌王〟で一世を風靡《ふうび》した上岡《かみおか》龍太郎さんと、赤坂の夜の街を歩いていたら、「頑張れ上岡!」と若い暴走族が声をかけてきました。上岡さんが「お前が頑張らんかい!」と、笑顔で即答した場面を思い出しました。

その二。災害で家族や家を失った人へ「頑張って」は控える。

他に言葉が見つからず、「つい口走る気持ち」。分かる気もしますが、「安易な励まし」が「絶望感・疎外感《そがい》」を与える恐れがあるとの指摘です。

その三。うつ病の人には使わない。

頑張りたくても頑張れない人に「頑張れ」は、酷《こく》だとの指摘です。ただ、最近は「適切な励ましはむしろ大切」という声もありますね。

「頑張れ、頑張れ」と無理やり励ますのではなく、相手の、頑張れない気持ちに共感しながら、「君なら○○するのはできるように思うんだけど、どうかな」と尋ねながら、相手の「できそうなこと」を具体的に聞き出し、そこを応援する。「それ、やってみるといいかもしれないね」という「押し付けがましくない」「相手に寄り添いながらの励まし」はプレッシャーになることが少ないという考え方です。

ご近所での日常会話などで「頑張れ！」と励ましたくなった時、「適切か？

不適切か？」、一歩立ち止まり、考える必要がありそうです。

気を使わせないための「気遣い」

「近くに用があって、ついでに、立ち寄ってみたけど、元気そうじゃないか」病気のお見舞いだけのためにバスと電車を乗り継ぎ、延々三時間もかけて不慣れな都会の大病院まで、はるばるやってきたのは入院患者と幼なじみ、七十代半ばの男性です。

このおじさまだって、血圧は高く、ちょっとした坂など杖《つえ》がないと歩けない。そんな様子は患者の前では、みじんも見せず、相当無理をして、たどり着いたのですが、それをおくびにも出さないのが「昭和のおじさまの気遣《づか》い方」なのです。

「近くに来たついでに、ちょっと立ち寄っただけ」という言葉に、入院中の友人に「わざわざ来てくれて申しわけない」と気を使わせることを避けたいという「思いやり」がギッシリ詰まっています。

こういうおじさまは、たいてい長居はしません。

「もう一つ、用向きがあるんで、そろそろ失礼するよ。入院だって聞いて、来てみたら、おれよりよっぽど顔色が良い。こんな居心地の良さそうな病院なら、おれのほうが入院したいぐらいだ。じゃ、また!」

「気を使わせないように気を使う文化」は、わが国の「美風」の一つです。

「相手のために何かする」場合、「される側」は、どうしても「気を使わせて申しわけない」という〝負担感〟が残るもの。それを少しでも減らそうとした

「ついでにちょっと……」という言い方、粋《いき》ですね。

3　ほんの少しの努力で会話上手に

話す相手の正面に体を向ける

大学の客員教授として「口頭表現トレーニング」という科目を担当していま す。平たくいえば「話し方訓練の授業」です。そこで学生に聞かれたことがあ ります。「会話で一番大事なのは何ですか?」

率直すぎる質問に少々戸惑いましたが、私の口をついて出てきたのはこれで した。

「話す相手の正面に体を向けることです」

私がこれまでお目にかかった「上手な話し手」は、例外なく「話す相手に体を向ける人」だったことを思い出したからです。

相手の目を見、笑顔を作り、うなずいても、体を向けず、首だけひねって話しかけては台無しです。「上から目線」は「他人を見下し、偉そうな態度や話しぶり」を否定的にいう表現ですが、立ち上がっている相手に座ったまま、あごを突き出し見上げて話す「下から目線」だって同じくらい失礼な感じです。

学生の質問に答えた数日後。偶然見たテレビの対談番組で、歌舞伎《かぶき》女形、坂《ばん》東玉三郎《どうたまさぶろう》さんのお話に驚きました。

「顔だけ向けるしぐさは、下品な人が相手を小ばかにする態度を表現する時に使います。お姫さまなど高貴な方や、きちんとした人物を演じる時は、体全体を相手に向けます。ちょっとした体の動きで、印象はがらりと変わるんです」

会社で、近所で、ご夫婦で。「話す相手に体を向ける会話」が好感度をぐっと上げてくれることは間違いなさそうです。

突然の挨拶指名。解決策は？

「挨拶が好きでたまらない！」と、目を輝かせる人は相当な変わり者です。結婚披露宴《ひろうえん》で、町内会役員就任の席で、会社のOB会の終盤で……。なんやかやと挨拶を強《し》いられ、緊張し、しどろもどろになるのが普通です。

私にも苦い思い出がいっぱいあります。

「顔だけ出してくれればいいから」と言われ、出席したパーティー。席上、突然、司会者から「ご活躍中のアナウンサー・梶原しげるさんから、とびっきりの楽しいご挨拶をどうぞ‼」と、いきなり舞台に引きずり出されました。

なまじ「プロ」という立場ですから、「気の利《き》いた話をしなければ……」。でも、脂汗を流し、頭は真っ白。口を開けても声が出ない。観衆は「ギャグ」だと思って大笑いしますが、次第に静まり返る。「わー！」と声を上げて夢から覚めた……。それほど若いころから挨拶が苦手でした。そこで私が実行した解決策です。

①人が集まる席には常に挨拶を原稿に書いて、練習して臨む。

実はこれ、芥川賞作家の丸谷才一《まるやさいいち》さんがお書きになった『挨拶はむづかしい』（朝日文庫）にあったもので「これはいい！」と感動した方法です（私、丸谷さんの「挨拶シリーズ」のファンなんです）。

丸谷さんは著名人ですから、なにかとパーティーに呼ばれ、挨拶をさせられる。ところが人前で話をするのが大の苦手。ある時、作家の野坂昭如《のさかあきゆき》さんの結婚披露宴に招かれ、挨拶を頼まれた。「困ったなあ」と悩んだ末に、「挨拶を全て紙に書いて読み上げる」ことにしたのだそうです。

その内容の面白《おもしろ》さもあって、会場で大受けし、大成功。以後、同様に挨拶を読み上げるスタイルにしたそうです。やがてその挨拶が評判となり、書籍化されて大ヒット。

「挨拶を書いて読む」というと「つまらない」というイメージをお持ちの方がいるかもしれませんが、その場の思いつきより、あらかじめ練り上げた文章を読み上げるほうがずっと喜ばれることもある、と知りました。「人前が苦手」という方はぜひお試しを。

②言いたいことではなく、その場にいる人が聞きたいことをネタにする。

事前に内容を練る際のコツは、挨拶がおこなわれる場や、参加者が興味を持てる話題は何かを最優先に考えることです。パーティーの主役は、挨拶をする人ではないのです。

③一文は、一呼吸で言える短いフレーズで。

イメージとしてはかつての首相、小泉純一郎さんです。ダラダラと長い一文より、シンプルを心がけるのも手ですね。

④努めてゆっくり話し一分で切り上げる。

挨拶は話している人にとってはあっという間かもしれませんが、聞かされる側は、よほど面白い話を除いて、「早く終わらないかなあ」と思うものです。短いことは、参加者への思いやりでもあります。

⑤声がかからず空振りに終わっても、「修業だ」とやり続ける。

「私になんか、挨拶の指名などあるわけがない」と思われる会に出る時でも、「何を話せば皆さんに喜んでもらえるかを考え、事前に挨拶の練習をしておく。私はこんなばかなことを長年続けていました。九割方指名されませんでしたが、挨拶の勉強にはなりました。

努力に無駄はありません。おかげで、やっと「深刻な挨拶恐怖症」から脱出できました。

気の利いた一言のネタ

朝礼や定例の集まりなどで、「一言お願いします」とマイクを渡された経験がある方も少なくないと思います。

「何か一言」という依頼の意味するところは、「何か、ちょっとだけ気の利いたことを二、三分しゃべってくれ」です。「一言」を真に受けて「これからも頑張りましょう！」と本当に一言、キャッチフレーズのように言って終わりにしたら来場者をがっかりさせてしまうかもしれません。できればその場にいる人の関心のあることを手短に述べて、「へえ～、なるほど」程度には感心してもらえる話をしたいものです。なんて、脅《おど》かしているわけではありません。

この「何か一言」の注文に応える簡単なコツがあるのです。

ヒントはＮＨＫの人気番組「チコちゃんに叱《しか》られる！」の「チコちゃん」がいつも口にしている「ボーっと生きてんじゃねーよ！」にあります。

われわれは非常時を除けばたいてい「ボーっと生きている」ものです。「ボーっと生きている」ぐらいの人のほうが「穏やか」「温和」「好ましい」と思ってもらえるものですから、悪いことではありません。ただ、そこを少し抜け出して、身の回りの「当たり前にあるもの、当たり前に起きているもの」に注意・関心を向ける習慣を、ちょっとだけ持ってみるのです。

俳句や短歌や水彩画や絵手紙が好きな人は、何でもないものにも関心を向け、自分なりに感じた面白みを言葉や、絵にしてみたりしていらっしゃいますよね。

私の場合は、新聞を読んでいて、特にコラムなどで「へえ～こういう見方があるんだ！」と気になったものは必ず切り抜いて、手帳に入れて持ち歩きます。

たとえば「水道水の安全基準はミネラルウオーターの十倍厳しい」なんて記事があったとしましょう。

これを単なる「へえ～」に終わらせるのは「ボーっとした人」。チコちゃんに叱られちゃいます。「へえ～」と感じた内容に、自分なりの見方や意見をたっぷり入れてみるのです。

たとえば「身近で安価なものが意外にすごい→うちの奥さんがやっていることはすごい→当たり前のことを大事にしよう」といった感じで、「自分の話」にしていく「訓練」をそれとなく続けていくと、「新聞コラム」は「一言ネタの宝の山」であることに気が付きます。

「何か一言」を期待されることがありそうな人は、周りでごく当たり前に起きている日常の出来事や、当たり前のように届く新聞記事を「ボーっと見る」のではなく、「ここに話のネタがギッシリ埋まっているはず」と思って日々を過ごしてみてください。「一言名人」になること請け合いです。お試しを！

健康な声は長寿への第一歩

「健康な声は長寿への第一歩」。これは、私がお世話になっている耳鼻咽喉科《じびいんこう》医の角田晃一《つのだこういち》先生の言葉です。

先生は声楽家や俳優さんなど、「声のプロ」から圧倒的な支持を集めています。その一方で、高齢者の「声の健康」を研究する第一人者でもあります。

冬の空気の乾燥は、のどの大敵。うがいや加湿の必要性はもちろんですが、先生一番のお勧めは「声出し」です。診察室に入ると、「声の名言集」が目に飛び込んできます。

「年を取って、リタイアしたら、声をどんどん出しましょう！」

「ちょっとでも、いいことあったら声出し笑い！」

声の出口である「声帯」は筋肉です。足腰の衰《おとろ》え防止のため散歩やウオーキングをするように、声の衰え防止のため「おっくうがらず声出しを」と「声出しトレーニング」を提唱しています。

わずかな努力で声帯の萎縮《いしゅく》を防ぎ、若々しい声を保つことが可能なのだそうです。

「年相応の老《ふ》け声はしょうがない」と諦《あきら》めている方も、「声帯萎縮が誤嚥《ごえん》性肺炎の原因になる」と聞けば、ギョッとしませんか?

肺炎は高齢者の死因の上位に挙げられています。肉体的な健康だけでなく「声出し」は脳を活性化させ、記憶力を高め、コミュニケーションを円滑にさせるという精神的なメリットがあります。

メールより電話、黙読より音読。実行しませんか。

自分の粗探しより、宝探しを

年の瀬に一年を振り返り、自問自答する。結構なことです。そこで、素晴らしい新年を迎えるための「自分との会話法」を考えてみましょう。

まず、やってはいけないのは「自分の粗探し」です。

「あーあ、店の売り上げもパッとしなかったなあ……」「歯医者だ、眼医者だと、病院ばかり行ってたなあ……」

「ダメポイント」を並べ立て、「よし、来年こそは気持ちを入れ替え頑張るぞ！」。

そんな前向きな気分になれる人は、あまりいません。

そこでお勧めは「自分の中の宝探し」です。

「今どき、店を続けられているって、われながら大したもんだ」「新しい入れ歯のおかげで、雑煮《ぞうに》がおいしく食べられそうだ」

こう考えれば、元気、やる気が湧いてきませんか？

「いやいや、自分の中に宝物が埋まっているなんて思えない」。悲観的になる気持ちも分かります。

では、こう考えてはどうでしょう。世知辛《せちがら》いこの時代。たとえば週末に、自宅でゆっくり新聞や本を読める環境それ自体が「宝物」だと、私は思います。

特に、この本を手に取ってお読みいただいているあなたの「好奇心」「寛容で広い心」は、誇るべき「宝物」です。

ともあれ、何げない日常の中にこそ、代えがたい「宝物」があるもの。「粗探しより宝探し」。年末だけでなく、普段から心に留めておきたいですね。

こんな人とは、こう話そう④

真面目すぎて話がつまらない人

「話が面白くない→つまらない人だ」なんて短絡《たんらく》的に捉えず、「相手がどういう人か」に興味関心を寄せて、自然に接していく。これが大人というものです。

むしろ、場に合わせようとする下手な冗談、軽薄な態度は、好感度を下げてしまいます。お笑いのプロでもないのに、どんな話題を振ってもちゃかす、ダジャレにする、変化球で返す、という人ほど、扱いにくいものはありません。

雑談に「冗談が必須」と思うのは間違いで、雑談でも「不器用で真《ま》面目《じめ》な話」を「真摯な態度で語る人」は、意外にも好感度が高いもの。何を話しても、正面から受け止めない「不真面目で不誠実な人」よりも、「真面目で愚直」な人の訥弁《とつべん》のほうがずっと聞き応えがある。これは私の経験からも、断言できます。

「雑談は面白くなければ」という固定観念を外し、多様な人との会話を楽しもうという姿勢が肝要です。

あとがき

本書は、『公明新聞』に三年にわたり連載したコラムが基になっています。執筆を依頼してくださった、『公明新聞』の担当記者さんがおっしゃった言葉は、今でも忘れられません。

「読者は、真面目《まじめ》で、熱心。特に家族や仲間との関係をさらに良くしたいと考える方たちです」

「最高の読者」に向けて書ける喜びをかみ締めながら、一方でプレッシャーも感じました。実はそもそも、若いころの私は人づきあいが苦手だったのです。

私の職業柄、「人づきあいなど、手慣れたものでは？」と思われがちですが、それは、マイクやカメラを前にする時だけの話。仕事を離れると、驚《おど》くほど不器用で、初対面の方が多い飲み会や、つきあいゴルフ（そんなバブルな時代がありました）では、ひどく居心地の悪い思いをして、体調を崩してしまうほどでした。

「このままじゃ、アナウンサーとしての成長も難しい」

「一人前の社会人なら、人づきあいも上手であるべきだ」

不安のピークは四十代半ば過ぎのころでした。そこで私はひそかに、「人づきあい関連の本」を読みあさり始めたのです。「とにかく人と数多く会え」というものから、「上手にしなければという〝とらわれ〟から離れよ」という本まで、多種多様な本と向き合いました。

そのなかに、「話が巧《たく》みな人より、感じが良いなあという人の話しぶりを観察し、そのポイントをまねすると良い」という趣旨のものがありました。著者は、当時日本カウンセリング学会会長で、心理学者の國分康孝《こくぶやすたか》先生でした。

その後、先生から直接指導を受けるチャンスを得たことが、「人づきあい恐怖」から抜け出すきっかけとなりました。……年を取ったせいで図々しくなった、ということもあるかもしれませんが。

本書に収録された記事には、人づきあいの苦手だった私が、あがいて、学んで、体験した「具体的なエピソード」から書き出したものが少なくありません。試行錯誤を繰り返して書き上げた記事を、『公明新聞』の担当記者さんにお送りするのは、たいてい、締め切りギリギリ。担当記者さん、大変なご迷惑をかけてしまい、すみませんでした。そして、ありがとうございました。

また、そんなドタバタが三年も続けられたのは、読者の方から頂戴した「感想」「反響」「温かいお言葉」のおかげでした。辛抱強くお読みくださった皆さま、本当にありがとうございました。

ところで、本書のタイトルは、まさに私がお伝えしたかった内容を端的に表しています。「これ以外にない」というベストなタイトルを付けてくださった第三文明社さんに、心より感謝申し上げます。ありがとうございました！

梶原しげる

【著者略歴】

梶原しげる（かじわら・しげる）

一九五〇年、神奈川県生まれ。早稲田大学卒業後、文化放送にアナウンサーとして入社。九二年に独立。フリーアナウンサー、ラジオパーソナリティやテレビ番組の司会で活躍。東京成徳大学大学院でカウンセリング心理学を専攻、修士号を取得。シニア産業カウンセラー。日本語検定審議委員。『口のきき方』『会話のきっかけ』『不適切な日本語』（以上、新潮新書）、『新米上司の言葉かけ』（技術評論社）、『まずは「ドジな話」をしなさい』（サンマーク出版）など著書多数。

無理《むり》なく楽《たの》しむおつきあい

2019年9月30日　初版第1刷発行

著者　梶原《かじわら》しげる

発行者　大島光明

発行所　株式会社　第三文明社

東京都新宿区新宿 1-23-5

郵便番号　160-0022

電話番号　03（5269）7144　（営業代表）

03（5269）7145　（注文専用）

03（5269）7154　（編集代表）

振替口座　00150-3-117823

URL　https://www.daisanbunmei.co.jp/

印刷・製本　壮光舎印刷株式会社

ISBN 978-4-476-03384-7